La Guerra de Cuarta Generación

Carlos Delgado Janeiro

Generaciones de la Guerra
"Primera Generación: Se inicia con las armas de fuego y la formación de ejércitos profesionales al servicio de los estados en reemplazo de milicias mercenarias al mando de diversos poderes en un mismo país, la búsqueda de un mayor poder de fuego llevara a la industrialización de la guerra.2 Alcanzan su cúspide con las Guerras Napoleónicas...

Segunda Generación: Se inicia con la industrialización y la mecanización, su elemento fundamental es la capacidad de movilización de grandes ejércitos y el uso de maquinaria bélica. El desarrollo de un mayor poder de fuego provocó que se usaran trincheras como medio de protección de los soldados, provocando las llamadas guerras de desgaste. La Primera Guerra Mundial sería la cúspide de este tipo de guerra...

Tercera Generación: Se inicia con la guerra relámpago o Blitzkrieg del ejército alemán, durante la Segunda Guerra Mundial. Surgió producto de la mecanización de los ejércitos (particularmente la invención de los tanques en la Gran Guerra) para romper el estancamiento de la guerra de trincheras. Se basa en la velocidad y sorpresa de un ataque, en la base de una superioridad tecnológica sobre el enemigo, impidiendo cualquier ejecución de defensa coordinada del atacado, el ataque se funda en la concentración de fuerzas aéreas y terrestres coordinadas, en la interrupción de comunicaciones del enemigo y en el aislamiento logístico de sus defensas, causando un intencional impacto psicológico aterrador, en esta etapa se ataca masivamente a los civiles para impedir que estos sostengan la industria bélica que necesita el enemigo para continuar la guerra...

Cuarta Generación: Al basarse la generación anterior en la superioridad tecnológica llega a surgir un gran poder de ataque militar. La única forma sensata de intentar enfrentar es el uso de fuerzas irregulares ocultas que ataquen sorpresivamente al enemigo, tratando de provocar su derrota al desestabilizar a su rival, es decir, con el uso de tácticas no convencionales de combate. En estas tácticas las grandes batallas desaparecen casi por completo"

https://es.wikipedia.org/wiki/Guerra_de_cuarta_generaci%C3%B3n

Para mi la Guerra de Cuarta Generación no es solo el uso de la psicología, las guerrillas y demás medios que no incluyen el combate no convencional. La Guerra de Cuarta Generación incluye el uso del conflicto de alta intensidad, con las novedades del quinto dominio y la destrucción "al detalle", junto con el empleo de medios no convencionales de combatir. (Aquí solo veremos los medios no convencionales, para una conjunción doctrinal compren el libro "Poe Norma General")

INTRODUCCIÓN: ESCUDOS ANTIMISILES

RUSIA

Ronald Reagan (1981-1989) y George Bush (1989-1993), prometieron a la URSS, que la OTAN no se expandiría más allá del territorio de Alemania Oriental, además Estados Unidos se retiró en 2001 del Tratado sobre misiles antibalísticos y los desplegó sobre los territorios europeos donde prometió que no avanzaría la OTAN (1). La OTAN ha avanzado mucho más allá de Alemania incumpliendo su promesa. Rusia también acusó a los Estados Unidos de vulnerar el tratado de INF de 1987, el que especificaba la prohibición de misiles de corto y mediano alcance, que según Rusia se están desplegando en Rumania (2).

Refiriéndose al escudo antimisiles, el Estado Mayor General ruso dijo que era una amenaza contra sus fuerzas nucleares (3). Los Estados Unidos afirman que este escudo tiene como objetivo los misiles iraníes, supuestamente con capacidad nuclear y Estados Unidos afirmó que si Irán dejaba de desarrollar el programa nuclear, Estados Unidos retiraría el escudo antimisiles (4). Sin embargo, según declaró Ellen Tauscher, representante especial de Estados Unidos para la Seguridad Estratégica y del Sistema Antimisiles, el escudo seguirá en marcha aunque haya un cambio político en Irán y esto pone en entredicho la afirmación anterior (5). Hay que tener en cuenta que el cambio político en Irán no conllevó el abandono del programa nuclear.

El asesor adjunto de Seguridad Nacional de la Casa Blanca, Ben Rhodes, declaró que el 2012 no era un año propicio para llegar a un acuerdo sobre el escudo y argumentó que era debido a las elecciones en Estados Unidos y Rusia (6). Además el Congreso de los Estados Unidos impediría cualquier resolución que debilite el escudo antimisiles, según el congresista republicano, Mike Turner, que tampoco era partidario de debilitar las posiciones americanas en Europa (7). Con esta fuerte oposición republicana hacia el acuerdo con Rusia es lógico que Obama se mostrara cauto con llegar a un acuerdo, ya que los republicanos podrían torpedear su imagen tachándolo de poco patriota o algo similar.

Por su parte la OTAN intentó llegar a un acuerdo con Rusia sobre el escudo antimisiles en 2012 (8), finalmente los Estados Unidos decidieron no desplegar la cuarta fase del escudo antimisiles en Europa en el 2013 (9). Los rusos alegaron que los Estados Unidos se negaron a firmar cualquier documento legal que asegure que el escudo no va dirigido contra Rusia (10). Putin declaró que la negativa de firmar un acuerdo y desplegar un escudo conjunto llevará a una carrera armamentística entre Rusia y Occidente (11). El secretario general de la OTAN, Anders Fogh Rasmussen, dijo que la demanda rusa de garantías jurídicas sobre el escudo antimisiles son irreales. No obstante, sí ofreció en 2012 garantías políticas de no agresión contra Rusia (12).

Los Estados Unidos planeaban desplegar, en la cuarta fase del escudo, misiles interceptores de misiles balísticos intercontinentales. Sólo China y Rusia disponen de estos misiles, por lo que señalar a Irán como el objetivo del escudo despierta sospechas, proclamó el jefe del servicio de colaboración militar internacional de la defensa rusa, Seguéi Koshelev (13). De hecho, Irán está demasiado lejos como para que Rumania o Polonia puedan interceptar los misiles iraníes, ya que estos no tienen ese alcance, opina Moscú (14).

El ministro de defensa ruso, Serguéi, calificó el despliegue occidental cerca de sus fronteras como único en la historia (15) y el periodista Peter Baker, en un artículo del The New York Times, afirmó que Estados Unidos está llevando a cabo una estrategia modernizada de la política de contención de la Guerra Fría (16). No obstante, Putin se mostró abierto a tener unas relaciones sanas y cordiales con Occidente (17).

El escudo antimisiles cuenta con la aprobación de países receptores como Turquía, España, Rumania y Polonia y es un hándicap en las relaciones ruso-americanas (18). Este sistema antimisiles tiene, según el viceprimer ministro ruso, Dmitri Rogozin, un objetivo: Rusia (19).

Las bases de la OTAN en Europa, sin una colaboración con Moscú, se convierten en un objetivo para Rusia. Pese a esto, Polonia decidió no sólo limitarse a desplegar el escudo antimisiles sino también a desplegar el suyo propio, según el ministro de exteriores polaco, Radoslaw Sikorski (20). Esta es una clara posición anti-rusa ya que los misiles iraníes quedan lejos de alcanzar a Polonia y este tipo de actuaciones no hará más que aumentar la tensión entre Rusia y Occidente.

El embajador ruso en el Reino Unido, Alexánder Yakovenko, afirmó que los países integrantes del escudo antimisiles no quieren dialogar sobre el mismo y los planes de Estados Unidos y la OTAN de crear un escudo global de defensa no han cambiado (21). El periodista, del Global Research, Bill Dores, aseguró que la OTAN quiere expandirse hacia el este de Europa y el complejo militar-industrial quiere ampliar la venta de armamento a esta región y agregó que la Guerra Fría no concluyó (22).

Rusia por su parte ha dado indicios, ya en 2011, de que su papel no va a ser pasivo en lo que se refiere al escudo antimisiles europeo, que con razón mira con recelo. Dimitri Mendvédev dijo que compensarían el despliegue del escudo con su respuesta técnico militar (23). El enviado de Moscú a la OTAN ratificó esta postura diciendo que Rusia no aceptará la desaparición del estatus quo nuclear y agregó que Rusia no permitirá que Estados Unidos despliegue bases antimisiles en los países de los mares nórdicos de Europa, ya que allí sólo podrían hacer frente a una hipotética amenaza rusa (24).

Como dije anteriormente en 2012 la situación varió muy poco y siguieron achacando a Irán la culpa del despliegue antimisil. Sin embargo la opinión interna de la inteligencia de Estados Unidos es que Irán detuvo el programa nuclear militar en 2003, testificó la ex-oficial de inteligencia del MI5, Annie Machon (25). Finalmente en 2014 Estados Unidos, Polonia, Estonia, Letonia, Lituania, entre otros propusieron que constara que el escudo antimisiles iba dirigido contra Rusia (26).

Con esta información es comprensible la respuesta diplomática y técnico-militar que viene a continuación ante el escudo de Europa. Hay que tener en cuenta que algunos de los misiles rusos actuales son capaces de confundir a los radares del escudo antimisiles por lo que lo hace vulnerable (27). Según el ministro de defensa de Rusia, Anatoli Serdyukov la respuesta técnico-militar será capaz de sortear el escudo de los Estados Unidos (28), entre los programas de modernización de la armada rusa se encuentra el Iskander, que al parecer tiene esta habilidad (29). Por esta cualidad Rusia lo eligió, para el rearme 2010-2020 entre otras modernizaciones. Este no es el único programa de rearme que Rusia lleva a cabo, está desarrollando misiles hipersónicos (30) que pueden tener tanto la utilidad de ataque, para sobrepasar el escudo antimisiles, como para la defensa, cuyo objetivo sería interceptar los misiles enemigos. Rusia también está preparando un sistema de lanzamiento de misiles con capacidad nuclear desde trenes, un sistema ya desarrollado por la URSS y que ahora está perfeccionando, como medida técnica ante el escudo antimisiles (31). Además, la Organización del Tratado de Seguridad Colectiva (OTCS), compuesta por Rusia, Armenia, Bielorrusia, Kazajistán, Kirguistán y Tayikistán, está desarrollando un sistema anti-aéreo y anti-misiles conjunto como contraposición al sistema occidental (32). En este campo Rusia destaca con la producción del S-500, que es capaz de derribar incluso los misiles hipersónicos de los Estados Unidos y que supera a los Patriot 3 (33).

Rusia realizó diversas maniobras militares en 2014 entre las que se incluye repeler un ataque nuclear el cual concluyó exitosamente, además de ejercitar a todas las ramas de defensa de Rusia (34). En 2014 tuvo lugar la puesta a prueba de los misiles Iskander, que son la mayor baza contra el escudo antimisiles europeo (35). Podríais pensar que es un ataque de histeria ruso. Los Estados Unidos tienen un plan de ataque llamado Prompt Global Strike (Rápido Ataque Global, o PGS) y este trata de atacar cualquier parte del globo en menos de 30 minutos utilizando misiles de diversos tipos (36). Hay que tener en cuenta que el primer programa de ataque nuclear contra la URSS se bautizó en 1945 y cuyo nombre fue TOTALITY y desde entonces han preparado muchos otros planes de ataque nuclear (37).

CHINA

Estados Unidos está desplegando un escudo antimisiles en Asia, del que no se habla tanto en los medios de comunicación, bajo la amenaza de Corea del Norte y su programa misilístico-nuclear (1). El ministro de defensa ruso, Serguéi Koshelev, comentó que el potencial nuclear chino es menor que el ruso (2), por lo que el escudo antimisiles en Asia es mucho más peligroso para el estatus quo de China, que el europeo para el estatus quo con Rusia. Rusia es el único país que posee una tríada nuclear junto, claro está, con Estados Unidos. Sin embargo, según Estados Unidos, China puede conseguir convertirse en una tríada nuclear (3). La tríada nuclear significa tener en las fuerzas armadas submarinos con capacidad de lanzamiento nuclear, misiles en tierra con capacidad nuclear y bombarderos estratégicos con capacidad nuclear.

El representante permanente de China ante las Naciones Unidas en Ginebra declaró que China se opone al despliegue del escudo en Asia, que añadió, facilita la inestabilidad y destruye el equilibrio estratégico (4). Esta situación lleva a una carrera armamentística en la que tanto Rusia como China están desarrollando misiles hipersónicos (5). Dando una clara muestra, en mi opinión, de sentirse amenazados por el escudo antimisiles ya que parte del escudo antimisiles en Asia cubrirá algunas zonas de China (6). En cierta medida este escudo varía los poderes en la región, ya que China pierde parte de la disuasión nuclear que antes poseía. Pese a esto los chinos se mostraron propensos al diálogo y fomentaron el respeto de los intereses de la seguridad de los países de la zona a favor de la cooperación regional (7). Se deduce que China quiere una salida diplomática, pese a que según la ex oficial de inteligencia del MI5, Annie Machon, Corea del Norte, que es aliado de China, tiene la intención de atacar a Estados Unidos sin el potencial de realizarlo (8). No obstante Corea del Norte sí tiene la capacidad de atacar a los países occidentalizados de la zona, si Corea hiciera tal cosa, es consciente, de que dejaría de existir por el contraataque occidental. Según algunos expertos Corea del Norte sólo busca la disuasión nuclear (9). En 2012 Estados Unidos puso a prueba, y con éxito, el escudo antimisiles de Asia, más concretamente en Hawái (10) supuestamente por la amenaza de Corea del Norte. Esto es un logro, puesto que no siempre ha conseguido los resultados esperados ya que de 71 pruebas realizadas 56 han sido exitosas (11).

Japón comenzó a instalar el escudo antimisiles, por su propia cuenta, en el año 2003 y destinó 5.600 millones de euros, para comprar el material antimisil norteamericano para ser más exactos misiles Patriot y Standard Missile (12). Además de esto Estados Unidos instala equipamiento militar para complementar el escudo antimisil japonés

(13). Al cabo de muy poco tiempo Estados Unidos colocó su primera pieza del nuevo escudo antimisiles en Japón que algunos expertos consideran una amenaza contra China (14).

Aunque los Estados Unidos estaban planeando desplegar el sistema THAAD en Corea del Sur (15), este país decidió finalmente, en 2014, desarrollar su propia tecnología aeroespacial y no adquirir la tecnología americana ni dar paso a la instalación por parte de Estados Unidos de un sistema antimisiles (16). Este sistema antimisiles autóctono estará operativo para 2023-2024 (17). Sin embargo, los americanos introdujeron piezas del sistema antimisil durante la presidencia de Trump.

Taiwán adquirió 330 misiles Patriot valorados en casi 1000 millones de dólares a los Estados Unidos en 2010 (18), lo que supuso una tensión de las relaciones con China. Esta venta está relacionada con los misiles chinos que apuntan directamente a Taiwán ya que estos misiles son interceptores misilísticos (19). En 2012 los taiwaneses desplegaron, apuntando a China, misiles que tenían la capacidad de atacarlos (20). Esa no fue la única vez que se suministraron sistemas de tipo antimisil a Taiwán; en 2013 el Pentágono se preparó para suministrar armamento de estas características (21). La cooperación americana no se limita al suministro de armamento a Taiwán, este país cuenta con un radar de fabricación norteamericana que es capaz de detectar los misiles lanzados por Corea del Norte así como por parte de China (22). Esto lo hace una pieza clave en el sistema antimisiles norteamericano instalado en Asia.

China, como Rusia, también está desarrollando una respuesta técnico-militar. Esta respuesta incluye el desarrollo de la tecnología aeroespacial, en concreto está desarrollando su propio escudo antimisiles (23). Sin embargo, el Gobierno chino está considerando otras opciones, como la compra de S-400 Triumf a Rusia (24); en cualquier caso China está fortaleciendo la sección aeroespacial de su ejército frente a las tensiones en la región y con Estados Unidos.

Estados Unidos no iba a instalar escudos antimisiles por el mundo sin tener uno en su territorio nacional, aunque el territorio norteamericano quede fuera del alcance de Corea del Norte e Irán. Los americanos esgrimen la amenaza de Corea del Norte para reforzar los sistemas antimisiles en California y Alaska, entre otros lugares (25). Alaska sí podría entrar en el radio de acción de Corea del Norte, sin embargo California está lejos de su alcance. El escudo de Estados Unidos no se limita a estas posiciones, también está instalado en zonas de la Costa Este, donde sólo pueden actuar los misiles rusos. Están instalados para proteger zonas como Nueva York o Washington, además también están instalados en Canadá (26). En todas estas zonas sólo están al alcance de los misiles rusos y de ninguna otra nación por mucho que

digan que están destinados a la amenaza
iraní.

La peor amenaza contra el estatus quo
nuclear, que impidió una tercera guerra
mundial, son sin lugar a duda los sistemas
antimisil laser que, con una buena señal de
detección son capaces de abatir casi la
totalidad de los misiles, así como objetivos
aéreos y a estos no se les acaba la munición,
al contrario que los Patriot, a no ser que se les
corte el suministro eléctrico. Israel ya
desarrolló este sistema llamado Rayo de
Hierro, está pendiente de instalación (27). Es
como el proyecto de la Guerra de la Galaxias,
dijo el portavoz de la empresa, Amit Zimmer
(28). Además de Israel, Estados
Unidos también está desarrollando esta
tecnología y en un principio será capaz de
derribar drones y aviones de combate a baja
altitud (29).

ASIMETRÍA PROPAGANDÍSTICA

La guerra propagandística es muy antigua, pese a que el uso masivo de esta se llevó a cabo durante el siglo XX. Esta deshumaniza al enemigo y propaga la opinión de que la guerra es justa en la población, tanto civil como militar. Este tipo de guerra jugó un rol muy importante durante la guerra de Vietnam, en cierta medida debido a que era una de las primeras guerras en la que los periodistas iban al frente y describían las atrocidades de la misma, que nada tenían que ver con la propaganda estatal de ella. La retirada de Vietnam estuvo directamente relacionada con la derrota propagandística en los Estados Unidos, ya que los Estados Unidos ganaron casi todas las batallas de la contienda y causaron muchas más bajas de las que sufrieron. Esta es una valiosa lección que los Estados Unidos han aprendido y que dudo que olviden fácilmente. Ellos saben que, de librar un conflicto, primero tienen que ganar en casa a la opinión pública.

Un manual del Pentágono dice que la batalla ya no tiene lugar únicamente con los medios tradicionales, y uno de estos nuevos campos de combate son los medios de comunicación y alega que no importa cuál sea la verdad sólo importa la percepción de la realidad que la gente tiene (1). Esta asimetría propagandística se puede dividir en tres secciones: la utilizada en territorio nacional para ganarse la opinión pública nacional, la internacional y dañar un objetivo (como una institución, organización o incluso una persona en concreto).

Ganarse la opinión pública internacional puede ser utilizada, en caso de guerra, para desmoralizar al enemigo e influir moralmente en las tropas, así como justificar una intervención militar ante el mundo. El caso libio sería un buen ejemplo de las dos primeras ya que, en el caso internacional tenemos a la prensa internacional bombardeando con noticias sobre la vulneración de los derechos humanos por parte del régimen (2, 3) que no pongo en duda su veracidad; sin embargo, estas alinearon la opinión internacional contra el régimen de Gadafi allanando el terreno para una intervención militar. Además en el territorio nacional, Gadafi acusó a los manifestantes de consumir drogas (es posible que algunos lo hicieran pese a que dudo mucho que se tratara de algo generalizado) (4). En la guerra propagandística en conflicto bélico Libia también es un buen ejemplo, en particular en el caso de la toma de Trípoli o en la supuesta huida de Gadafi del país. La liberación de este tipo de información inyecta moral a las tropas y desmoraliza a las del enemigo. Este tipo de combate dialéctico que suele pasar desapercibido también podría utilizarse para dañar a individuos concretos y no sólo a gobiernos. En este caso se suele utilizar la propaganda para dañar sus opiniones políticas o atacar directamente a los que brindan apoyo al objetivo. Este objetivo no tiene por qué estar vinculado a ningún gobierno, y si lo está, se puede utilizar este método para deteriorar a quienes les apoyan dentro del mismo. Este tipo de casos suelen ser internacionales, y en ocasiones se agravia, por apoyar al verdadero objetivo, a empresas multinacionales o políticos, y se realizan campañas en contra de los intereses o a favor de los puntos débiles del objetivo, entrando la última parte, más bien en la guerra subversiva.

MEDIOS DE COMUNICACIÓN

La mayoría de los medios de comunicación occidentales actúan en bloque en lo referente a la política exterior, especialmente respecto a Rusia. En lo referente a la política nacional sí hay ciertas discrepancias entre ellos. Esto probablemente, es debido a la opinión política de los dueños o a los intereses propios de estos en los medios de comunicación (1).

Noam Chomsky criticó los medios de comunicación y los consideró un instrumento de los gobiernos y élites financieras que los poseen (2). Noam Chomsky describe la manipulación mediática en diversas secciones:

1-distracción

2-crear problemas y proponer soluciones

3-gradualidad (de manera que algo inaceptable se convierta en aceptable)

4-dirigirse al público como si fuéramos niños (con la idea de hacernos vulnerables además de intentar eliminar los pensamientos críticos)

5-priorizar lo emocional sobre la reflexión (especialmente en la publicidad)

6-tener al público en la mediocridad

7-reforzar el sentimiento de culpabilidad (esto lo podemos ver en la cobertura de la crisis donde se dice que es culpa de todos)

(3).

A continuación leeréis un breve resumen de a quién pertenecen los medios de comunicación. Telecinco y Mediaset pertenecen mayoritariamente a Silvio Berlusconi y responden, obviamente, a sus intereses (4). Antena 3 y Atresmedia pertenecen mayoritariamente a José Manuel Lara, editor de La Razón, que también es dueño de la editorial Planeta así como del grupo italiano Corriere della Sera, con tendencia derechista como el periódico que edita (5); Por lo que no sería de extrañar que tuviera una cobertura politizada de algunos acontecimientos, pese a que es dueño de la Sexta y esta tiene una cobertura abiertamente de izquierdas. 13 Tv, Popular Tv, Gestiona Radio y la COPE pertenecen a la Conferencia Episcopal Española y por tanto a la iglesia católica, además están relacionadas con Intereconomía y Caja Sur. PRISA posee mayoritariamente a la cadena SER, El País, Santillana, Alfaguara y Canal +, tiene como dueños diversos inversores. Liberty Acquisitions LLC tiene el 40% de PRISA y entre los dueños de Liberty Acquisitions están George Soros, Bank of America o Deutsche Bank. También Santander, HSBC y "la Caixa" adquirieron un 20% de PRISA. Además el consejero delegado de PRISA suele acudir a las reuniones del Club Bilderberg, como fue el caso de Juan Luis Cebrián (6).

Punto Radio, ABC Radio así como ABC y multitud de periódicos pertenecen mayoritariamente a Emilio Ybarra Churruca, miembro de la Comisión Trilateral y fue consejero delegado del BBVA, y a su hermano Santiago Ybarra Churruca (7). También, Vocento que es la sociedad que compró estos medios, tiene un 55% de Intereconomía TV, Walt Disney, un 20% y Grupo Intereconomía un 25%. Grupo Intereconomía que posee La Gazeta, Itereconomia Radio, interconomia Business, Diplomacia, ALBA y Radio Inter tiene como socio mayoritario a Julio Ariza Irigoyen, vinculado al PP y es antiabortista, y como un socio minoritario el mediático Rodrigo Rato, el depuesto presidente de BANKIA. Hay que destacar que el 85% de los españoles se informan a través de la TV y entre un 10 y un 15% en el caso de la radio, siendo el porcentaje un poco mayor si se cuenta con la combinación de la TV (8).

En el caso de los medios de comunicación de los Estados Unidos, NBC pertenece a NBC Universal, que parte de una fusión con Universal de ahí el nombre, y esta perteneció a General Electric que acabó vendiéndola en 2011 a Comcast Corp que además es dueño de E! Entertainment Television, Style Network, G4, the Golf Channel y NBC Sports Network, entre otras adquisiciones. Esta corporación pertenece mayoritariamente a Stephen Burke que es el Vicepresidente Ejecutivo de Comcast, el presidente y director ejecutivo de NBC Universal. Burke estuvo relacionado con el JP Morgan Chase y Berkshire Hathaway Inc. (9). Le sigue de cerca en cuanto a acciones de la corporación, Brian L. Roberts que también ha ocupado altos cargos en esta que es de tendencia republicana.

CBS, MTV, MTV2, UPN, VH1, Showtime, Nickelodeon, Comedy Central, TNN, CMT, BET, Paramount Pictures, Nickelodeon Movies, MTV Films y Blockbuster pertenecen a Viacom (10). Viacom está controlada por Sumner Redston que asiste al Club Bilderberg y es simpatizante del partido Demócrata de los Estados Unidos (11, 12).

Disney posee Walt Disney Pictures, Touchstone Pictures, Miramax, Buena Vista Home Video, Buena Vista Internacional, Hollywood Pictures, Caravan Pictures, ocho editoriales, ABC Publishing Group, diecisiete revistas, ABC televisión Network, treinta emisoras de radio y once canales por cable (History Chanel entre ellos) (13). La mesa directiva de Disney está presidida por John E. Pepper, Jr.

Time Warner Inc. tiene New Line Cinema, Time Inc., Turner Broadcasting System, The CW, Warner Bros, Warner Bros Animation, HBO, DC Comics, Cartoon Network Studios, Castle Rock Entertainment, Chilevisión, CNN Chile, CNN, CNN Internacional, CNN en Español, HBO, Cinemax, Turner Classic Movies, TBS Very Funny, TNT, Cartoon Network, I-Sat, Space, Infinito, TruTV, Tooncast, Boomerang, Much Music, HTV, Glitz, The CW, Turner Broadcasting System, Warner Channel, RCTV, cuarenta y dos sellos musicales, HBO Group, DC Comics Inc. (14, 15, 16). Turner Broadcasting System tiene como presidente ejecutivo a Jeffrey Bewkes, que antiguamente trabajó para Citybank (17), rechazó una oferta por parte de Fox de compra del conglomerado; como señaló Ken Griffin (un accionista del conglomerado), en Time Warner no hay accionista mayoritario por lo que la oferta podría acabar siendo admitida (18).

El conglomerado News Corporation tiene Fox Broadcasting Company (Fox), My Network TV, Fox Television Stations Group, Saeta TV Channel 10, News Corp Europe con bTV, B1 TV (12,5%), Fox Televizija, Fox Turkey, Imedi Media Holding (100%) con Imedi Television, Radio Imedi, además de Israel 10 (9%), LNT (100%), TV5 Riga (100%), Cielo (100%) en Italia, e2 (30%) en Turquía, ANTV (20%), Prime Television New Zealand (19). En cuanto a la televisión por cable también tiene los siguientes canales BSkyB, ITV (19%), Foxtel (50%) en Australia, SKY Network Television, Sky Italia, Fox Internacional Channels Italy, Sky Latin America, Sky Deutschland (49,90%), STAR TV, Tata Sky (20%), Fox Business Network, Fox Classics, Fox Movie Channel, Fox News Channel, Fox Sports Net Cablevision con SportSouth y Sun Sports, Fox College Sports, FX Networks, Speed Channel, FUEL TV, Big Ten Network, National Geographic Channel, National Geographic Channel International 75%, National Geographic Wild, Fox

International Channels con 20 canales más, así como una gran presencia en America Latina y Australia (20). También es propietario de las siguientes productoras de cine: Fox Filmed Entertainment, 20th Century Fox, Fox Searchlight Pictures, Fox Faith, Fox Studios

Australia, Blue Sky Studios, Fox Entertainment Group, New Regency Productions (20%), Regency Enterprises (20%), BSkyB Studios en Inglaterra, FOX Star Studios en India. Además de 28 revistas, incluida Vogue y una multitud de periódicos con presencia en Australia y Estados Unidos principalmente, entre los que se encuentran El New York Post y el Wall Street Journal (21). La cara más visible de este conglomerado es Rupert Murdoch que además es presidente ejecutivo del conglomerado (22). Hay más caras conocidas en dicho gobierno corporativo como la de José María Aznar que fue presidente de España (23, 24). Paul Gigot editor de Wall Street Journal, que es un medio de este conglomerado, acudió al Club Bilderberg (25).

Según Daniel Estulin en su libro el instituto Tavistock una de las cosas que ocurren cuando vemos la televisión es que el hemisferio derecho del cerebro trabaja más que el izquierdo y el cerebro libera opiáceos como las endorfinas y las encefalinas (26). La oligarquía se tomó muchas molestias en tomar lo que hoy consideramos como medios imparciales (27). Desde el siglo XX se han tomado muy en serio este tema porque conocen el potencial de estos. Los investigadores del Instituto Tavistock llegaron a la conclusión que los medios de comunicación, si daban el contexto adecuado, la gente aceptaría cosas que de otra manera no habría consentido (28).

Las operaciones psicológicas, según el Pentágono, son las transmisiones de información con el objetivo de manipular a la audiencia y posicionarla contra gobiernos, organizaciones e individuos (29). Además según una información obtenida por Eva Golinger en el presupuesto de Defensa para el 2011, hay una novedad para el Comando Sur, que se encarga de las misiones militares de USA en América Latina. En ella se puede leer que hay financiación para un programa psicológico de audio (30). El presupuesto para este tipo de operaciones en 2011 es de 201.8 millones de dólares (31) y para todo el mundo en 2010, Estados Unidos utilizó gran cantidad de los 80 mil millones que reciben las agencias de inteligencia de los Estados Unidos (32).

El filósofo y politólogo Miguel Pérez Pirela aseguró haber descubierto un mensaje secreto en un crucigrama del periódico Últimas Noticias, de Venezuela, en el que salen palabras como Adán, probabilidad, asesinen (33). Unos matemáticos, psicólogos y otros expertos llegaron a la conclusión de que se trataba de un mensaje secreto, mientras que el autor lo desmintió (34). La ministra de Información y Comunicación de Venezuela,

Delcy Rodríguez, declaró que abriría una investigación sobre los mensajes cifrados en los crucigramas (35). Esto podría confirmar la sospecha de que los medios de comunicación no solo sirven para emitir propaganda, sino que también sirven para enviar mensajes a personas específicas, aunque alguna vez pueden caer en otras manos.

Un poco antes del Día D., el desembarco aliado en Normandía, el MI5 se percató que en el crucigrama del Daily Telegraph aparecían las palabras Omaha, Utha, Gold, Sword y Juno, que eran los nombres de las playas del desembarco; además de Overlord, el nombre de la operación, Mulberry era el nombre de los puertos flotantes y Neptune la denominación del apoyo naval, que fue la que hizo saltar las alarmas (36). El servicio secreto de Inglaterra detuvo al profesor Leonard Dawe que era el autor de los crucigramas delDaily Telegraph, sin embargo por alguna extraña razón lo declararon inocente y calificaron el incidente de coincidencia (37).

Sea inocente o no, durante la Segunda Guerra Mundial se enviaron mensajes cifrados desde los crucigramas y un ejemplo de ello sería Charles de Gaulle que envió mensajes a la resistencia en Europa mediante esta técnica (38).

El Congreso por la Libertad de la Cultura fue una tapadera de la CIA, que montó el agente de la CIA Michael Josselson, y llegó a tener oficinas en 35 países, publicó artículos en revistas de prestigio, organizó exposiciones de arte, conferencias del más alto nivel y recompensó a los músicos y otros artistas con premios y actuaciones públicas (39). Pocos escritores, poetas, artistas, historiadores, científicos en la Europa de posguerra no estuvieron relacionados con los servicios secretos de los Estados Unidos (40).

El escritor Daniel Estulin en su libro el Instituto Tavistock insinúa que en los videos musicales existen mensajes subliminales que, aunque dice no saber a quién van dirigidos, piensa que tienen un grupo reducido de destinatarios que son capaces de entender lo que realmente quieren decir. Él puso como ejemplo algunas canciones de Eminem y Rihanna, yo también os pondré como ejemplo a ambos

-Eminem en su canción lose yourself dice:

"Me proclamaré rey mientras avanzamos hacia un nuevo orden mundial"

-Rihanna en "Umbrella" ella cantó:

"Cuando quieras puedes quedarte debajo de mi paraguas"

-Chinatown en la canción sin miedo en el minuto 2:35 dice:

"Soy de mensajes encriptos"

-Y en la canción del mismo grupo llamada carta bomba dice lo siguiente:

"nuestro código de barrio no ha sido descifrado"

Otro ejemplo en la película de Gladiator cuando va a matar al emperador sale Kennedy en una milésima de segundo, imperceptible para el ojo humano, resulta ser una herramienta y un experimento en masa para manipular a los espectadores (41) y puede inclusive a aquellos que conocen el objetivo del mismo.

A quien van dirigidos estos mensajes es algo que normalmente no podemos conocer. Son las verdaderas noticias que los medios de comunicación no cubren. Los que están detrás de este laberinto son los verdaderos destinatarios de mensajes que consideramos superfluos, pese a que en realidad no lo son. Supongo que no conocéis el significado de la espiral. Ni de los símbolos que salen por vuestra querida caja tonta, cines y videos musicales. Pues bien yo os abriré la puerta a estos secretos o por lo menos a algunos de ellos y lo que representan pues la lista es larga y tediosa:

-espiral: laberinto.

-la x: significa eliminación del personaje en cuestión.

-paraguas: protección.

También hay diversas simbologías del antiguo Egipto así como diversas culturas paganas que han derivado en otro significado o que mantiene el suyo como puede ser Ra el dios del sol del antiguo Egipto o el chacal que representa a la luna. Esto es solo una pequeña parte de los símbolos que podemos encontrar en las películas o en los videoclips de música, esto llega mucho más allá de unos simples mensajes cifrados. He decidido añadir esto aquí debido a que los grandes conglomerados de los medios de comunicación americanos suelen tener tanto discográficas como productoras de cine.

GUERRA SUBVERSIVA Y EN EL SISTEMA

En la circular, TC-18-01, del ejército de los Estados Unidos revela que usa promotores externos para poner a la población contra su gobierno, alineándose con los intereses de los Estados Unidos (3). Las fuerzas especiales contactan con los movimientos subversivos, los entrenan y les proporcionan logística (4). También se preparan denuncias de corrupción contra el gobierno objetivo y se fomentan manifestaciones masivas, que cuentan con el apoyo de la prensa occidental (5).

Tanto el presidente ruso, Vladimir Putin, como el presidente chino, Xi Jinping, se han mostrado en contra de la injerencia extranjera en terceros países (6).

Los gobiernos a los que puede afectar este tipo de golpes asimétricos revolucionarios suelen ser de corte dictatorial. Este es un método que sigue siendo uno de los más usados métodos de guerra asimétrica. Hay diversas organizaciones que se encargan de la manipulación de la sociedad para dañar al gobierno objetivo o derrocarlo:

-USAID: Es una agencia gubernamental de los Estados Unidos, fue fundada por John F. Kennedy en 1961, la USAID se dedica a promover la política exterior de los Estados Unidos (7). Barack Obama utilizó un abultado presupuesto para la USAID (8).La USAID modificó la relación que mantenía con las ONGs para integrarlas, convertirlas al servicio de los Estados Unidos y transformarse en organizaciones al servicio de la injerencia de este país (9). Hay numerosas organizaciones y partidos políticos que están financiados por parte de USAID según la periodista Eva Golinger: Súmate, Ciudadanía Activa, Radar de los Barrios, Primero Justicia, Un Nuevo

Tiempo, Acción Democrática, Copei, Futuro Presente, Voluntad Popular, Universidad Católica Andrés Bello, Universidad Metropolitana, Sinergia, Cedice, CTV, Fedecámaras, Espacio Público, Instituto Prensa y Sociedad, Voto Joven han operado en Venezuela con el apoyo de USAID (10). También la OTI forma parte de este entramado y opera directamente desde la embajada de los Estados Unidos (11).

-Fundación Ford: fue creada por Edsel Ford, el famoso empresario industrial de la compañía Ford, y esta organización fue utilizada para financiar programas que promuevan la democracia (12). Según la famosa escritora Naomi Klein en los 50 esta fundación actuó como tapadera para la CIA, permitiendo la financiación a académicos y artistas (13).

-NED (Fundación Nacional para la Democracia): es una organización norteamericana que vio la luz en los 80 y actúa especialmente en América Latina (14).

Financia partidos políticos, sindicatos, movimientos disidentes y medios de comunicación (15). Según ella "es una fundación privada, sin fines de lucro dedicada al crecimiento y fortalecimiento de las instituciones democráticas en todo el mundo. Cada año, con la financiación del Congreso de los EE.UU., la NED es compatible con más de 1.000 proyectos de los grupos no gubernamentales en el extranjero que trabajan por objetivos democráticos en más de 90 países" (16). Esta organización, según el New York Times, se creó como una rama de la CIA (17) y esta tenía como fin dañar a ciertos gobiernos o ayudar a derrocarlos (18). Esta organización financia el Centro para Iniciativas Privadas Internacionales (CIPE, 1983) creado por la Cámara de Comercio de EE.UU., el Instituto Nacional Democrático para Asuntos

Internacionales (NDI, 1983 asociada al Partido Demócrata de los Estados Unidos), el Instituto Republicano Internacional (IRI, 1983 asociado

al Partido Republicano de los Estados Unidos)
y el Centro Americano para Solidaridad
Laboral Internacional (ACILS, 1997) creado por
la AFL-CIO (19) entre otras.

EL MODELO QUE OCCIDENTE INTENTA EXPORTAR

Todo el mundo conoce las represiones de los
gobiernos de corte autocrático en los que
Estados Unidos ha puesto la mira, ¿cuál es el
modelo que exportamos? Casi nadie se
lo pregunta, solemos pensar que el modelo de
"democracia" es el mejor y que estos
regímenes represivos deben aceptar nuestro
modelo, aunque sea por la fuerza, sin tener en
cuenta las posibles consecuencias adversas.
Quizás pensando que cualquier cosa es mejor
que ese modelo, en teoría, más represivo que
el occidental. Para empezar no habría que
buscar una injerencia en los modelos de

gobernanza, o cambios presidenciales, con fines geopolíticos o económicos. Si Occidente desea realmente exportar un modelo democrático, cosa que pongo en duda, primero debería empezar a reformar su propio país. Con lo que conseguiría una democracia real y no una plutocracia (una plutocracia es un sistema donde el poder lo poseen los más adinerados), así su causa sería ética. Jean Bricmont en su libro Imperialismo Humanitario también se muestra a favor de "jugar en casa" en lugar de salir al extranjero a propiciar cambios de régimen con una fachada humanitaria.

Personalidades de prestigio internacional como Noam Chomsky, José Saramago, Manuel Bartlett, Michael Moore (además acusó a los plutócratas de arruinar la economía de los Estados Unidos), Fidel Castro y Paul Krugman criticaron la plutocracia (1, 2, 3, 4), la mayoría de ellos a la de Estados Unidos, y por esto Estados Unidos no está interesado en imponer un sistema de valores democrático, sino más bien en intereses geopolíticos y económicos. Martin Gilens, de la Universidad de Princeton, y Benjamin I. Page, de la Universidad Northwestern también llegaron a la misma conclusión que había una gran presión por parte del sector privado hacia el gobierno para que este hiciera lo que los más pudientes querían (5). Un informe secreto del banco Citigroup reveló que los Estados Unidos no eran una democracia sino una plutonomía (6). Esta situación no es reciente y el famoso escritor George Bernard Shaw (1856-1950) ya aseguró que la democracia había sido tomada por los plutócratas (7).

En las elecciones de los Estados Unidos del 2000, el partido republicano financiado por Enron, MBNA America Bank, Philip Morris, Marriot, AT&T, Suisse First Boston, Boeing (contratista de defensa), Ford Motor (contratista de defensa), Daimler Chrysler (contratista de defensa), General Motors (relacionada con defensa), Microsoft, AOL

Time Warner, Walt Disney, Citigroup, American Express, ATT, Bristol-Myers Squibb, National Rifle Assn, Pfizer Inc, Freddie Mac, Enron Corp, Microsoft así como de empresas petrolíferas y posee (o poseía) acciones de General Electric, BP, Duke Energy, ExxonMobil, Newmont Gold Mining Corporation, Pennzoil y Tom Brown, Inc. (8, 9, 10). Además su administración también tenía sus propios vínculos con la élite: Dick Cheney vicepresidente tiene vínculos con Halliburton. Colín Powell: Secretario de Estado vinculado a la Warner, CNN y General Dynamics (contratista de defensa). Spencer Abraham: Secretario de Energía los tenía con General Motors, Ford Motor Company, Lear Corp. y DaimlerChrysler (vinculada con contratos de defensa). Donald Evans: Secretario de Comercio ha sido un viejo colega de Bush en la industria petrolera. Gale Norton: Secretaria de Interior era abogada de la firma Brownstein Hyatt & Farber y defendió a BP-Amoco y a la compañía saudita Delta Oil.

Norman Mineta: Secretario de Transporte con Lockheed Martin que es una empresa de servicios para actividades de la industria de la defensa y de transporte aéreo. Tommy Thompson: Secretario de Salud tenía vínculos con Phillip Morris, Amtrak, America Online, Time Warner, General Electric, Merck, Abbott Laboratories. Condoleezza Rice: Consejera Nacional de Seguridad era miembro del consejo de directores de Chevron. Mitch Daniels: Director de Presupuesto fue Vicepresidente de Elli Lilly y tuvo acciones en el grupo Citygroup, General Electric y otra empresa farmacéutica. Andrew Card: Jefe de personal del Presidente defendió los intereses de General Motors (otra empresa relacionada con defensa) (11, 12).

Si bien es cierto que existe una regulación sobre financiación de los candidatos políticos (13), también es cierto que existen métodos para evadirla, como no usar directamente terminología de "vote a…" (14) o si eres lo suficientemente rico crear diversos Political

Action Comittee para que tus donaciones sean legales. También existen, en numerosas ocasiones, conflictos de intereses entre altos cargos como es el caso de Dick Cheney y su participación en Halliburton (15) y existe un vacío legal que no impide que altos cargos públicos puedan dedicarse a cargos en empresas, después de haber cumplido su mandato.

Los medios también juegan un papel fundamental en la elección de un nuevo presidente debido a su amplia difusión y a que normalmente no son imparciales políticamente. Además estos medios de comunicación, como ya vimos anteriormente, suelen estar en manos de grandes fortunas, que a su vez suelen financiar las campañas electorales. George Bush hijo alcanzó la presidencia después de las elecciones del 2000, sin embargo, estas elecciones no fueron del todo limpias según algunas personas y organizaciones. El periodista de la BBC y The Guardian, Greg Palast, aseguró que la DBT inhabilitó 57.000 votantes, mayoritariamente demócratas y negros (16). La cifra era una de 94.000, según la DBT, y estas se habían borrado de la lista de votantes debido a que eran criminales; no obstante se demostró que 91.000 de estas personas eran inocentes (17). Según muchas investigaciones Al Gore habría ganado las elecciones. Según el escritor Jeffrey Toobin si hubieran realizado un recuento de votos Al Gore hubiera sido el presidente (18). Si bien es cierto que se realizó una investigación al respecto, el tribunal supremo, con la influencia de George Bush padre, declaró inocente al nuevo presidente de los Estados Unidos y aunque numerosos congresistas quisieron impugnar el resultado

de las elecciones, no contó con el apoyo de ningun senador, por lo que la "protesta" no llegó a ninguna parte (19). Este "incidente" electoral no es un hecho aislado, como denuncian James y Kenneth Collier en su libro Votescam: The Stealing of America donde relatan la historia de 25 años de fraude electoral (20). Por lo que imponer cambios de régimen alrededor del globo por fraude electoral no es más que una actitud hipócrita que busca el beneficio geopolítico y/o económico.

Tras las elecciones, las empresas petroleras querían perforar en Alaska (que finalmente fue aprobado en 2012), las tabacaleras pretendían cierto apoyo legal por parte del estado, y las farmacéuticas liberar los precios de Medicare (21). Lo que marcó el mandato de Bush fue la guerra que permitió a los contratistas de defensa (algunas empresas mencionadas anteriormente) (22), los subcontratistas que se encargaban de la logística (como Halliburton 23) y reconstrucción, les permitió unos beneficios astronómicos. Según Center for Public Integrity, algo más 8.000 millones de dólares fueron otorgados a 70 empresas norteamericanas que donaron más de 500.000 dólares a la campaña de George Bush (24). El mismo informe asegura que los mejores contratos fueron a las compañías donde trabajaban altos exfuncionarios o con vínculos con congresistas y destaca a Halliburton como principal beneficiada (25).

Estos contratos fueron adjudicados sin concurso, supuestamente, por la necesidad del pueblo afgano e iraquí (26). Otra medida de este tipo fue el intento de privatización del petróleo de Iraq, pese a la fuerte oposición del pueblo y gran parte del
gobierno solo lograron privatizar una parte del mismo para empresas como BP, Shell y ExxonMobil (dos de ellas financiadoras de la campaña de Bush del 2000 como mencioné anteriormente) (27). Esto demuestra el vínculo entre la financiación de los partidos políticos, los conflictos de intereses de la administración Bush y las políticas que esta administración acabó realizando, por lo tanto Estados Unidos es una plutocracia.

En 2004 Bush fue reelegido, en unas elecciones en las que según cálculos no oficiales se habrían gastado unos 3.900 millones de dólares (28). En estas elecciones, como en las anteriores, tampoco faltaron las acusaciones de fraude electoral. Según Stephen Spoonamore, experto en fraudes digitales para bancos, gobiernos y el servicio secreto, descubrió que Karl Rove y Mike Connell cometieron fraude electoral mediante las máquinas de votación (29). Cuando se le convocó ante la justicia su avión se estrelló, acabando con su vida. Antes fue amenazado por su socio, Karl Rove, como demostró el abogado Arnebeck (30).

En las elecciones de 2008, como en todas, había intereses económicos en juego, de hecho entre 1998 y 2008 se gastaron más 5.000 millones en los lobbys y campañas electorales (31). En estas elecciones los principales financistas fueron los principales bancos de Estados Unidos (32). Quizás porque temían algún tipo de legislación (o nacionalización) hostil debido a la crisis económica que vivía el país. Entre los bancos que financiaron la campaña electoral estaban Goldman Sachs, Lehman Brothers, JP Morgan, Morgan Stanley o Merrill Lynch (33). Además los bancos americanos como J.P. Morgan, Chase Manhattan y especialmente el Citibank obtienen grandes sumas de dinero lavando el dinero proveniente del crimen organizado (34). Si bien es cierto, que algunos bancos han sido sancionados, también lo es que las sumas de la sanción resultan ridículas en comparación con la cantidad que proviene anualmente del crimen, que oscila entre 500 millones y un billón de dólares, de los cuales la mitad pasa por los bancos de Estados Unidos (35, 36). Como en el caso del fraude electoral Estados Unidos no debería de acusar de narcotráfico a otras naciones.

En las elecciones de 2012 Obama obtuvo 348 millones de dólares y Rommey tan solo 193 millones, según OpenSecrets.org (37). La mayor financiación de Obama vino de la Universidad de California, la Universidad Harvard, de Microsoft o Google (38).

Rommey lo financia Goldman Sachs, JP Morgan Chase & Co, Morgan Stanley, Bank of America, la entidad financiera suiza Credit Suisse Group., el representante de las empresas petrolíferas basadas en Arabia Saudí, Tofiq Al-Gabsani, uno de los mayores financistas del candidato republicano Romney fué Sheldon Adelson (39, 40, 41).

El sector sionista también fue uno de los inversores en las elecciones de los Estados Unidos y además desde hace bastante tiempo (42). Como dije anteriormente uno de los principales financistas de la campaña republicana fue Adelson quien contribuyó con más de 50 millones a la campaña republicana (43). Este magnate de los juegos de azar también es un firme defensor de la campaña militar contra Irán, llegando incluso a declarar que el acabaría con el programa nuclear con un ataque nuclear, y criticó la política light del presidente Obama con Irán (44). Pese a que esto, en un principio, no descartó ninguna opción en el caso del programa nuclear iraní

(45). En las recientes elecciones de los Estados Unidos los principales benefactores de los fondos sionistas fueron los republicanos, aunque los demócratas también recibieron algo de financiación (46). Teniendo en cuenta las palabras del señor Adelson, solo dios sabe qué hubiera ocurrido si las elecciones las hubieran ganado los republicanos. Sin embargo, la política belicista es de ambos partidos mayoritarios y el Comité de Relaciones Exteriores del Senado aprobó con 10 votos a favor, y 7 en contra una resolución que autorizaba a Obama el uso de la fuerza militar en el conflicto sirio. Lo que no dicen es que según un informe, los 10 senadores que votaron la resolución han recibido un promedio de 72.850 del complejo industrial-militar (47).

LAS CONTRAMEDIDAS DEL GOBIERNO AMERICANO CONTRA LOS SUBVERSIVOS

Durante la Guerra Fría, Estados Unidos creó un programa para luchar contra grupos subversivos dentro del país, muchos de ellos considerados por el gobierno como marionetas del bloque soviético. El programa Cointelpro iba dirigido contra la población civil, ya sean grupos radicales como grupos que buscaban un cambio en la sociedad norteamericana, este programa estaba diseñado para causar confusión y conseguir deserciones dentro del partido comunista de Estados Unidos de América (CPUSA). No obstante, este programa pronto fue usado para atacar al partido de los Trabajadores Socialistas, Ku Klux Klan, los grupos nacionalistas afroamericanos, incluyendo el partido de las Panteras Negras y la Nación del

Islam y el movimiento sociopolítico de Nueva Izquierda por completo, que agrupaba a grupos pacifistas y comunidades de grupos religiosos (1). Aquellos partidarios del programa argumentaban que el proyecto estaba fundamentado en el conocimiento del FBI de que algunas organizaciones radicales estaban siendo manipuladas por agencias de inteligencia extranjera y hostil. El FBI tuvo acceso a un texto de Verona que mostraba que la Unión Soviética y su KGB manipulaban al partido Comunista con propósitos de espionaje e incitación a disturbios (2). El programa fue secreto hasta 1971, cuando un grupo de manifestantes entró en una oficina del FBI y cogieron archivos que demostraban la existencia de este programa y los pasaron a los medios de comunicación. Después de un año, Hoover declaró que Cointelpro se había terminado, y que las futuras actuaciones se estudiarían caso por caso (3).

Según el escritor, Jean Bricmont, los EstadosUnidos tienen planes de contingencia para posibilidades remotas que son escalofriantes (6) y según Public Intelligencie los Estados Unidos tienen planes para combatir disturbios a gran escala con el uso de armamento y no precisamente pelotas de goma… (7). Si estas acusaciones son ciertas los Estados Unidos no tienen nada que reprochar a los regímenes totalitarios donde dice promover la democracia.

TERRORISMO COMO ASIMETRÍA

En la Guerra Fría se utilizó el terrorismo como arma de cuarta generación por ambos bandos (1, 2). Por desgracia, algunas acciones subversivas, como las descritas anteriormente, acaban con la toma de armas y una guerra fratricida, que muchas veces es instigada desde el exterior con fines lucrativos o geopolíticos.

Estados Unidos publica cada año una lista con los estados promotores del terrorismo, haciendo gala de su hipocresía ya que en el año 2014 calificó a Siria como patrocinador del terrorismo (3), es Estados Unidos, (entre otros) el que patrocina el terrorismo en Oriente Próximo.

GUERRA ECONÓMICA

La guerra subversiva, el terrorismo así como una política hostil contra Occidente (o que no sea de su agrado) pueden conducir a una guerra económica que normalmente toma la forma de sanciones. Estados Unidos ha abierto recientemente una oficina para coordinar e imponer las sanciones más efectivas (1). Esta guerra comercial que prohíbe o restringe el comercio, no solo daña los sectores sancionados, también daña la economía con el efecto del temor a que las

transacciones sean sancionadas en un futuro.
El daño económico sería mayor al provocar
una fuga de capitales o pérdida de inversión
en el país. Estas sanciones pueden ser la
antesala de una intervención armada por
parte de Occidente en el país objetivo.

Entre los países sancionados están: Bielorrusia
que fue sancionada para promover la
"democracia" lo pongo en comillas porque en
el país ya se celebran elecciones; Birmania de
tendencia socialista y discrepancias con
Estados Unidos respecto a su política interna;
Costa de Marfil de tendencia socialista y
propenso a Moscú; Irak, Líbano se sancionó
solo a grupos que socavaban la soberanía del
Líbano grupos como Hezbolá (2); Somalia se
emprendieron sanciones contra sospechosos
de estar relacionados con el grupo islámico
insurgente Al-Shabab; Sudan (ahora dividido
en Sudan del Sur y Sudan del Norte) en este
país Estados Unidos apoyaba a Darfur (3) de
una región del sur mientras que China hacia lo
mismo con el gobierno central (4), en Ucrania

durante la revolución de color se sancionó al expresidente Víktor Yanukóvich y el político Víktor Medvedchuk, en Venezuela que es un gobierno anti-imperialista fue sancionado por las protestas que había en el país; en Zimbabue fueron impuestas supuestamente por sospechas de fraude electoral ,sin embargo el presidente asegura que estas sanciones son por las relaciones con China y no por el fraude electoral (5) y Palestina sancionada por parte de Israel.

RUSIA

Las sanciones contra Rusia no solo son un tema de actualidad, también es un tema que viene de lejos. La URSS y Rusia han sido sancionadas en 1917, en 1974, 1998, 1999, 2008 y 2012 (1, 2). El caso más grave de sanción desde la caída del comunismo es el que explico a continuación: Rusia fue sancionada en 2014 por la crisis de Ucrania. Se acusó a Rusia de enviar tropas al territorio ucraniano, de armar a los rebeldes y de que estos fueran un títere en manos del Gobierno de Moscú. Las sanciones han sido cada vez más restrictivas e incluso se especuló con la posibilidad de sancionar al sector energético ruso (3), como Europa es tremendamente dependiente de la energía

rusa no se llevó a cabo. Las sanciones también contaron con numerosos detractores incluso, en países occidentales como Francia o Italia (4, 5). Pese a la dependencia energética de Europa, Ucrania aprobó una medida que podría sancionar al sector energético ruso en tránsito por este país en conflicto (6). Hay que tener en cuenta que Ucrania también es dependiente del sector energético ruso. Esta medida aumentaría el precio de la energía en Europa, aunque el aumento del precio no sería comparable al de una sanción en bloque por parte de Occidente.

Las sanciones también tuvieron otro efecto en la economía rusa y es el recorte de inversión extranjera en la República (7). Estas sanciones, según la oficina de Terrorismo e Inteligencia Financiera, produjeron pérdidas de 100.000 millones de dólares en tan solo unos meses (8). Por otro lado, Dimitri Mendvédev aseguró que Rusia es capaz de beneficiarse de las sanciones económicas contra el país (9). Esto es debido a que una parte de la competencia tiene el hándicap de las sanciones, por lo que las empresas rusas tienen mayor facilidad para desarrollarse y Moscú debería centrarse en el desarrollo del sector secundario del país que tanto sufrió después de la caída del comunismo. Las sanciones contra Rusia también producen daños colaterales en las economías de la Zona Euro, como asegura el asesor económico del presidente ruso (10).

Tanto la UE como Estados Unidos han puesto condiciones para el levantamiento de las sanciones contra Rusia. Estas incluyen la retirada de tropas de Ucrania, dejar de apoyar a los prorusos y crear un tapón en la frontera con Ucrania (11, 12). Rusia descartó en reiteradas ocasiones que hubiera tropas rusas en Ucrania y desechó la proposición (aunque se dice que paracaidistas rusos cruzaron la frontera con Ucrania en una ocasión, no obstante Rusia acusó a Ucrania de haber cruzado la frontera alguna vez 13).

GUERRA ECONÓMICA SIN RECURRIR A SANCIONES

Lo bueno de ésta, como las sanciones, es que no está considerada como un acto de guerra por lo que la considero de uso más probable, ya que otro tipo de asimetría, como la cibernética, podría desembocar en un ataque convencional. En este apartado podremos ver el uso de la guerra económica sin contar con el uso de sanciones, que no por ello es menos peligrosa.

ESTADOS UNIDOS

En el documento TC-18-01 de las fuerzas especiales se admite el uso de las vulnerabilidades económicas del enemigo para usarlas en su contra (1). En un artículo del Daily Telegraph se advierte de que el Gobierno de los Estados Unidos se está preparando para llevar a cabo operaciones económicas en contra de cualquier nación, con el fin de derrotarla sin llegar a un conflicto bélico (2).

Durante la Guerra Fría hubo un descenso abrupto en los precios del petróleo y esto contribuyó a la caída del comunismo. El escritor Daniel Estulin insinuó que la bajada del precio del petróleo podría ser una bajada intencionada por parte de los Estados Unidos

(3). La OPEP sospechó que el Gobierno de los Estados Unidos estaba manipulando los precios del petróleo (4). Además el periodista de investigación sobre temas energéticos que trabajó para la revista Forbes alegó que Estados Unidos estaba detrás de la bajada del precio del petróleo durante los 80 (5).

Había una subida de precios en el petróleo, similar a la acaecida antes del desplome de la URSS de los 80. Según Konstantín Sivkov, el presidente de la Academia Rusa de Asuntos Geopolíticos, el presidente de los Estados Unidos había fracasado en 2013 en el objetivo de inducir a los productores de petróleo del Golfo Pérsico a bajar los precios del crudo para dañar a la economía rusa (6). Finalmente han logrando una bajada del precio del petróleo que en el caso del barril de Brent ha sido, en algunos momentos, de un 20% (7). Según algunos expertos se debe a un ataque económico dirigido principalmente contra Rusia (8). De todas maneras, los rusos poseen más gas que petróleo, en comparación con las reservas mundiales, por lo que una bajada en el precio del gas también podría afectar a la economía rusa y es bastante probable que a corto plazo debido a los nuevos descubrimientos de gas encontrados. Además de la bajada del precio del combustible, hemos podido apreciar una devaluación de la moneda rusa, que ha sido posibilitada debido a las sanciones y la caída de los hidrocarburos, y según algunos expertos esta devaluación es parte de la guerra económica contra Rusia (9).

Una hipotética bajada del precio también se notará en otras economías de una forma positiva si es solo consumidor y negativa si es productor. Lo que es muy conveniente para Europa y China, a las que una bajada de la energía les supondrá una industria mucho más barata.

Además de esta hipotética bajada del precio del carburante para dañar a Rusia, Estados Unidos presionó a Bulgaria para que frenara la construcción del gaseoducto ruso South

Stream (12). La UE se posicionó a favor de no negociar en este caso, a no ser que Rusia reconociera al nuevo Gobierno en Ucrania (13). Por lo que queda claro que este incidente es una represalia por la política exterior rusa, como afirmó su gobierno (14). El corte crediticio mencionado en al apartado de sanciones contra Rusia también está relacionado con la presidencia de los Estados Unidos, puesto que es este país el que la promueve (15). Standard & Poor's rebajó la calificación de la deuda rusa (16), en un claro ataque económico contra Rusia (17). Esto provocó que Rusia rompiera con las agencias de calificación (18) y creara, junto con China, su propia agencia de calificación (19). Este no fue el único ataque especulativo que sufrió la economía rusa, el FMI también rebajó el crecimiento ruso (20).

En el caso de que Estados Unidos quisiera emplear este tipo de guerra contra China, aprovecharía su dependencia de los mercados extranjeros, así como la de los hidrocarburos, que si bajan de precio ya no será tan preocupante. En el caso de la dependencia comercial es difícil que de repente haya una ola de proteccionismo económico que suba los aranceles a los productos que se fabrican allí. Que no quiere decir imposible, ya que el traslado de la industria, desde Occidente a otros países del Este de Europa, Asia-Pacífico y Latinoamérica pueden sustituir a China. Para llevar a cabo una operación exitosa de este calibre, sería necesario incluir un proteccionismo económico a los productos chinos. Puede que con el tiempo llevara a una ola de indignación que facilite subir los aranceles a los productos allí fabricados. China puede contraatacar comercialmente ante una subida de los aranceles o una desinversión económica en su país (21) dificultando la importación de productos a su economía interna, que pronto será (si todo continua igual) las más grande, y por tanto la más atractiva.

RUSIA Y CHINA

Rusia, como ya adelantó el presidente Putin (1), respondió a las sanciones impuestas por Occidente y se deshizo de un 20% de la deuda que poseía de los Estados Unidos (2), además Moscú prohibió la importación de diversos productos provenientes de los países sancionadores (3). Este hueco en la economía rusa podría rellenarlo America Latina, pese a que los países que se atrevan a comerciar con Rusia recibirán fuertes presiones por parte de Occidente (4). También se barajó la posibilidad de retirar el permiso a aerolíneas occidentales de sobrevolar Rusia, lo que provocó unas pérdidas de 4.500 millones de dólares y finalmente terminó sancionándolas (5).

El sector energético no se salva de la guerra comercial y el ministro de Energía de Rusia, Alexander Novak, comunicó que los inversores occidentales podrían perder sus acciones en las empresas energéticas rusas (6). Hay que tener en cuenta que los carroñeros se han dedicado a la compra de acciones de las empresas energéticas rusas ahora que la economía está siendo atacada (7). Rusia en caso extremo también podría cortar el suministro de gas a Europa, como hizo en 2009 por disputas con Ucrania (8). No obstante esta medida dañaría la economía rusa, que depende de la venta de recursos energéticos para subsistir, por lo que un corte de suministro solo se daría en las condiciones más adversas, como una intervencion militar.

China es más versátil en cuanto a guerra económica contra Estados Unidos, se refiere. Por ejemplo, si China se deshiciera de todas las reservas que tiene en dólares y de la deuda norteamericana de la que dispone, podría causar estragos en la economía de Estados Unidos. Hay que tener en cuenta que China es el mayor acreedor de Estados Unidos en la actualidad. También podría deshacerse de las reservas de divisas que posee de los

Estados Unidos y causaría una devaluación del dólar, según el analista estadounidense Jim W. Dean. Estados Unidos estaría presionando a China para que mantenga el dólar como moneda de reserva (9). Si vendiera bonos o dólares, el otro bien financiero, se devaluaría por lo que tendría que vender ambos a la vez y esto causaría la caída en picado de la economía de los Estados Unidos. Si lo hiciera, causaría de forma inmediata una tensión con este país que podría acabar en guerra y hay que tener en cuenta que los bonos que posee China son una gran baza diplomática a jugar con los Estados Unidos. Por otro lado, si hubiera suficiente tensión entre China y los Estados Unidos, estos últimos podrían decidir no pagar la deuda. Lo que podría causar una guerra entre ambos. Si los Estados Unidos decidieran simplemente no pagar porque sencillamente su economía está en ruina, entonces también podríamos ver una guerra.

La guerra económica también se está llevando a cabo en equipo y no solo por parte de Occidente, también Rusia y China la están llevando a cabo de forma conjunta. La reciente decisión por parte de ambos de pagar las transacciones en sus respectivas monedas nacionales (10), es una medida que Estados Unidos teme. Esto es debido a que su moneda no está respaldada por nada, ya que hace años que se dejó de usar el patrón oro y en la actualidad lo único que mantiene fuerte y estable el dólar son las transacciones comerciales y las reservas de divisas, donde el dólar se mantiene como una de las principales monedas. Esto significa que este país es vulnerable a cambios en las reservas de divisas y a los cambios en la moneda de transacción. La medida de dejar de lado al dólar como moneda principal en las transacciones, no solo se está llevando a cabo por Rusia y China, los BRICS y las transacciones China ASEAN, entre otros se están llevando a cabo sin el dólar (11, 12).

NUEVOS CAMPOS DE COMBATE

Las nuevas investigaciones científicas y tecnológicas pueden desarrollar, y lo hacen, nuevos campos en los que el ejército tiene un puesto privilegiado. El mayor ejemplo de este tipo de nuevos campos de batalla son las telecomunicaciones globales y los satélites que apoyan esta infraestructura. Algunos de estos satélites comenzaron a estar armados en los 80, como respuesta soviética al proyecto de Star Wars de Estados Unidos. El primer satélite en órbita con armamento fue el Polyus, este satélite tenía armamento nuclear y para su defensa contaba con armamento antimisil (1). Esto creo un nuevo campo de batalla, aunque realmente los misiles nucleares y los misiles nucleares de detonación en la atmósfera (para realizar un ataque electromagnético) fueron los primeros en el espacio.

En la actualidad se teme una carrera armamentista espacial debido a los nuevos misiles antisatélites desarrollados por Estados Unidos y China (2, 3). Estos misiles podrían llevar a las potencias a poner en órbita nuevos satélites capaces de destruir estos misiles por un láser, como el satélite soviético Polyus.

GUERRA CIBERNÉTICA

Los ataques podrían paralizar por completo, además de sabotear, el tránsito de trenes (ralentizando el suministro); atacar la bolsa para hundir la economía objetivo; provocar un funcionamiento anómalo en centrales nucleares, que podrían derivar en un incidente como el de Chernóbil; introducir y/o extraer información de los centros de inteligencia enemigos; dañar la información proveniente de los satélites o alterarla para desubicar a las tropas en el terreno y posicionar las aliadas en otra ubicación, logrando que el enemigo realice movimientos erróneos; impedir que la información de los radares llegue a los militares; tomar el control del armamento no tripulado; dificultar o impedir las comunicaciones del cuartel general con el resto de tropas y para el espionaje, ya sea industrial, masivo o a los líderes políticos como reveló Snowden. El ataque cibernético que más intimida sería el de hacerse con el control de las armas nucleares mediante la red, claro que haría falta tener las contraseñas o hackear las passwords para realizar un hipotético lanzamiento de misiles nucleares.

Las posibilidades de este nuevo tipo de guerra ya ha sido comprendida por muchas naciones y China, Alemania, la OTAN, Rusia, Venezuela, Israel, Corea del Sur, Corea del Norte, Japón, India, Francia e Irán se están preparando para una hipotética ciberguerra (1, 2, 3, 4, 5, 6, 7, 8, 9, 10, 11, 12). De hecho la situación actual puede llevar a una carrera armamentística cibernética, según el libro del centro superior del ministerio de defensa español titulado: "El Ciberespacio Nuevo Escenario de Confrontación". En el mismo libro se nombra la declaración del vicesecretario de Estados Unidos que asegura que los ataques cibernéticos juegan un papel importante en cualquier conflicto futuro.

España posee diversos cibercomandos integrados en las fuerzas armadas encargados de proteger las comunicaciones. Algunos militares españoles se muestran preocupados por la falta de estrategia frente a un ataque cibernético e intentan hacer ver, que igual que ocurrió con los carros de combate, hace falta una rama propia y no unas unidades desperdigadas (13).

CHINA

China quizás inspirado por sus coroneles Qiao Liang y Wong Xiangsui y la doctrina de guerra sin restricciones, además de los ataques de 1999 a Yugoslavia empezaron a reclutar hackers desde hace 10 años como mínimo (1). En la actualidad China posee un gran potencial en este campo y según el exempleado del FBI especialista en ciberterrorismo, Michael Vatis, China posee la capacidad de dañar seriamente diversos sectores vitales de los Estados Unidos (2). Este país está trabajando en el desarrollo de un ordenador cuántico capaz de descifrar los códigos de defensa (3) y esto, una vez desarrollado, podría llegar a romper las claves de lanzamiento de las bases misilísticas.

Los Estados Unidos vienen denunciando desde hace tiempo ataques cibernéticos por parte del Gobierno chino. El Pentágono ha acusado a las fuerzas armadas de China de atacar sistemas informáticos del Gobierno de

Estados Unidos y de contratistas de defensa, para obtener datos de la tecnología americana y puntos débiles en el ejército de los Estados Unidos (4). China alegó que las acusaciones eran infundadas y los Estados Unidos realizaron una nueva acusación hacia la unidad 61398 y cinco oficiales de espionaje cibernético (5). Esto provocó que China cortara la cooperación en ciberseguridad con los Estados Unidos (6) y casualmente cuando los lazos se restablecieron y realizaron una reunión en la que trataban la ciberseguridad, se realizó otro ataque cibernético desde China que extrajo información sobre el personal de seguridad de los Estados Unidos (7).

Los Hackers de China también obtuvieron mediante ataques cibernéticos información del funcionamiento de la "cúpula de hierro" israelí, así como de vehículos aéreos no tripulados, misiles balísticos y del misil interceptor Arrow III (8, 9). Esta información podría ser vendida, si es que no ha sido algún gobierno quien la extrajo, a países que busquen implantar un escudo antimisiles o empresas que compitan por los contratos de defensa en Occidente.

RUSIA

Rusia a diferencia de España ya ha creado en 2014 un nuevo género de tropas cibernéticas llamado CYBERFOR (1). Sin embargo, hay acusaciones de que las primeras acciones militares cibernéticas se remontan a 2008 y a la invasión de Georgia, aunque Rusia desmiente y la carencia estratégica de los ataques lo respalda (2). Rusia de haber atacado el Gobierno de Georgia cibernéticamente habría atacado las comunicaciones del cuartel general con las tropas dejándolas inmovilizadas, a no ser que estas tomen la iniciativa, o las infraestructuras conectadas a la red del país. De todas maneras, de ser cierto, se trataría de una de las primeras acciones cibernéticas llevadas a cabo en medio de una campaña bélica tradicional. También hubo rumores de ataques cibernéticos realizados por Rusia contra Estonia, y en Ucrania en 2014 por la revolución y posterior guerra civil (3, 4). En ninguno de estos casos ha sido confirmada la participación del Gobierno ruso en los incidentes y podría tratarse de civiles desorganizados que tratan de defender los intereses de su país mediante el "hacktivismo" ya que no hay ninguna organización que haya reivindicado los ataques.

En la actualidad Estados Unidos teme la efectividad del ejército ruso en el ciber espacio, según el exespecialista en ciberterrorismo del FBI Michael Vatis (5). La OTAN que posee la organización NCIRC (computer incident reponse capability) también tiene en cuenta la ciber guerra como una amenaza (6). Tanto es así que las maniobras Steadfast Jazz 2013 también incluyeron una maniobra de respuesta contra un ataque cibernético y aunque aseguraron que no tenían como objetivo a Rusia, Moscú lo puso en duda (7). La OTAN añadió a su política de defensa la agresión por parte de un ciberataque, comparándolo con un ataque militar convencional (8). Esto puede resultar peligroso, debido a que un ataque con falsa bandera podría desencadenar una guerra convencional o incluso nuclear, y teniendo en cuenta la dificultad de encontrar al verdadero autor de estos ataques así como su hipotética vinculación con un gobierno, se trata de una doctrina un tanto temeraria. Aunque me imagino que sabrán distingir entre un ciberataque masivo contra las instituciones vitales que puedan paralizar el país y el "hacktivismo". Aunque con los tiempos de guerra fría que vivimos cualquier incidencia puede hacer estragos en las relaciones diplomáticas.

ESTADOS UNIDOS

Estados Unidos, como Rusia, también posee un mando cibernético dedicado exclusivamente a este tipo de conflicto llamado USCYBERCOM (1). Este país realizó el primer ciberataque seguido de una intervención militar, en concreto fue realizado contra Yugoslavia en 1999 (2). El segundo ataque al que le siguió una intervención militar fue Irak en 2003 y también Estados Unidos tiene el dudoso honor de haberlo realizado (3, 4). Es probable que realizara ataques similares contra Libia durante la intervención de 2011.

Desde entonces Estados Unidos ha atacado cibernéticamente a Irán, Rusia, China y Corea del Norte, según revela el exempleado de la CIA Snowden (5). De hecho en 2014 apareció un nuevo virus (Regin) que atacó principalmente a Rusia y Arabia Saudita y que algunos medios rusos, piensan, están dirigidos por una agencia de inteligencia occidental (6). El caso más conocido de ataque cibernético, Stuxnet, también fue realizado por Estados Unidos e Israel en 2010, que dejó sin servicio a un quinto de las centrifugadoras de Irán (7). De hecho Obama ordenó que se desarrollaran las capacidades ofensivas cibernéticas para ser usadas contra los enemigos de USA en cualquier parte del mundo, sin necesidad de declaración de guerra (según un documento obtenido por el Washington Post) (8). Este país, como China está desarrollando un ordenador cuántico capaz de descifrar cualquier código, y obviamente lo desarrollan para la guerra cibernética (9).

En caso de que Estados Unidos hubiera atacado al Gobierno de Siria utilizaría toda su capacidad cibernética (10) debido, especialmente, a las defensas antiaéreas y antibuque que posee el país. El Gobierno sirio no se queda atrás y amenazó con utilizar el ejército electrónico sirio contra Estados Unidos si este invadía el país (11).

Es lógico que este país tema los ataques cibernéticos debido a su politica exterior, que es bastante agresiva. Leon Panetta, que es jefe del Pentágono, llegó a declarar que Estados Unidos teme un ataque cibernético seguido de un ataque convencional, apuntando especialmente a Rusia, China e Irán como las mayores amenazas en estos términos (12). Algunos expertos aseguraron que este país no está listo para afrontar un ciberataque simultáneo contra diversos objetivos vitales (13) y es que el país de las barras y estrellas no dispone de suficiente personal cualificado (14) para defender la nación en caso de un ataque de envergadura. Uno de los objetivos del hipotético ataque sería Wall Street, como ya mencioné anteriormente la bolsa es un gran objetivo, y por ello realizaron un simulacro de ciberataque contra la misma (15).

EL CIBER ESPIONAJE

Gracias a Snowden hemos conocido que Estados Unidos ha espiado a 122 líderes mundiales (1). Entre los cuales se encuentran el presidente indonesio Susilo Bambang Yudhoyono, el presidente español Mariano Rajoy, el ministro de energía de Brasil, Ángela Merkel, delegaciones diplomáticas de 38 países y entidades como el Banco Mundial, el FMI, la OPEP, la UE, la ONU o la OSCE (2, 3, 4, 5, 6, 7, 8, 9, 10). Con estos datos uno se puede hacer idea de las reservas energéticas de los países productores de petróleo, la evolución de la economía y la geopolítica, conociendo de antemano qué propuestas serán aceptadas o rechazadas por la comunidad internacional y pese a esto Estados Unidos es impulsor de algunas medidas que son de las más impopulares o veta algunas de las medidas más aceptadas por la comunidad internacional, simple y llanamente por interés geopolítico o económico.

Además Estados Unidos podría utilizar a las multinacionales del sector tecnológico que suministren material a otros gobiernos para obtener información de estos, de multinacionales o entidades financiares (11). Con esto puede conseguir predecir los movimientos de los mercados bursátiles, someter a otros países mediante la información conseguida o realizar espionaje industrial en beneficio de sus plutócratas. Esto preocupó a las autoridades rusas que se propusieron crear su propio sistema operativo (12), además se decantaron por la utilización de máquinas de escribir para los documentos más sensibles (13). Se plantearon la creación de una conexión fuera del alcance de Occidente, para evitar el espionaje contra el gobierno y las empresas rusas (14). China también aumentó las medidas de seguridad después del escándalo de ciberseguridad anglosajón (15).

TECNOLOGÍA PARA CONTROLAR EL CEREBRO

Estados Unidos mantiene un intervencionismo económico en investigación y desarrollo con fines militares desde la Segunda Guerra Mundial. No es de extrañar que gran cantidad de la innovación tecnológica, en todas sus variantes, tenga fines bélicos. Aunque, después de la aplicación militar, suele acompañarle un uso civil por parte de la mayoría de la población y este es el ejemplo de algunos de los mayores inventos de la humanidad como internet (1), la aviación moderna, las telecomunicaciones y un largo etcétera...

Magnus Olson experto en neurociencia dijo al respecto que era tecnología militar que se empezó a desarrollar en los 60, que actualmente consiguió la perfección. La tecnología actual permite una transmisión de información directamente del cerebro de una persona a un dispositivo que sería capaz de percibir lo mismo que tu cerebro, además de recoger tus pensamientos. La neurociencia está tan avanzada que serían capaces de introducir datos en el cerebro sin que el objetivo se diera cuenta de la manipulación (2). Estoy completamente de acuerdo con el experto Magnus Olson en que la neurología está tremendamente desarrollada y de que en la actualidad se puede llegar a transmitir el pensamiento cerebral a una computadora. De hecho, en una investigación neurológica se llegó a transmitir el pensamiento simple de un cerebro a otro a través de las computadoras e internet (3).

En la actualidad hay diversas investigaciones para restaurar cerebros dañados mediante un chip cerebral; entre las organizaciones que investigan esta biotecnología esta DARPA (4). La tecnología está tan desarrollada que ya existen chips para la extracción de datos del cerebro humano desarrollados para uso militar. Aunque solo se publiquen datos sobre implantes para uso médico. El desarrollo tecnológico militar va 10 años por delante del desarrollo civil.

El desarrollo de esta tecnología tiene muchos más fines y muchos de estos son militares o con probable colaboración militar.

Hay que tener en cuenta el caso Snowden en el que se demostró que los Estados Unidos y algunos de sus aliados utilizaban internet para espiar a la población, o a los gobiernos. Esta tecnología no haría más que amplificar el poder del espionaje occidental. Se rumorea la posibilidad de la implantación masiva de esta tecnología en la población civil de los Estados Unidos (5, 6). En caso de ser así la tecnología seguramente verá la luz en un formato nanotecnológico que no requiera de operación para su instalación, por la impopularidad de tener que realizar cirugía cerebral.

Esta nueva herramienta, sería un gran mecanismo de control para la plutonomía. Con ella podrían averiguar en qué pensamos en cada momento, que es lo que hacemos e incluso detectar pensamientos disidentes. Lo cual deja la puerta abierta a la vulneración de los derechos humanos por parte del estado.

También podría ofrecer una gran interacción con el entorno, que está plagado de productos tecnológicos, serán cosas como abrir la puerta de casa con la mente (7), encender el coche e incluso hacer las compras con el chip instalado en el cerebro de cada uno, también podría ofrecer descargar información directamente al cerebro (8). Todo esto tiene un precio, que es la pérdida de privacidad total por parte del usuario. Algo parecido al trabajo que hacía Snowden, directamente en los cerebros de las personas objetivo.

NANOTECNOLOGÍA

Según un artículo de CNN el gasto gubernamental en nanotecnología en el mundo pasó de 430 millones de dólares en 1997 a 6.000 millones de dólares en 2006 y en 2009 el gasto total del sector público y privado alcanzó los 18.000 millones de dólares (1). Se puede deducir por las patentes en este campo que los mayores inversores son Japón, Estados Unidos y algunos estados de Europa (2). Como en el caso neuro-tecnología, la nanotecnología también tiene una cara médico-civil que será la que primero se muestre al mundo, la cara benévola de esta tecnología, ocultando los fines militares. La nanotecnología puede, por ejemplo, usarse para luchar contra el cáncer (3).

El principal objetivo de la nanotecnología, como en el caso anterior de la tecnología cerebral, es militar. No por nada el almirante de los Estados Unidos, David Jeremiah, advirtió que esta tecnología era más destructiva que las armas de destrucción masiva (4). La aplicación que más me preocupa es la de combinar los descubrimientos de la neurociencia con la nanotecnología. Con una pequeña cantidad de nanorobots ingerida, con o sin consentimiento, podría alojarse en el cerebro y llegar a controlarlo o transmitir toda la información pertinente sobre el individuo en cuestión.

La diferencia de la nanotecnología, respecto a una tecnología que no sea tamaño micro, es la versatilidad. Se podría ingerir una pequeña cantidad de estos nanorobots en un café y ni te darías cuenta, consecuentemente, tiene una aplicación militar. No tener la necesidad de cirugía cerebral para implantar tecnología no solo abre las puertas para la utilización en masa de la población civil, también posibilita el uso en funcionarios de alto nivel ya que no necesariamente percibirían la instalación de esta tecnología. Si se conoce la ubicación de un presidente de una nación hostil se le puede insertar esta tecnología haciéndolo vulnerable e, incluso, pudiendo ser controlado para su posterior destrucción en una revolución de color.

Es fácil anticipar una carrera armamentística en este campo y la dinámica de esta tecnología no es como en la Guerra Fría y las armas nucleares, ya que es difícil de detectar el uso de la misma lo que hace muy probable que esta se emplee sin más cuando ya esté desarrollada.

FUENTES

ESCUDOS ANTIMISILES

RUSIA

1

http://www.euroxpress.es/index.php/noticias/2014/4/24/ruido-de-sables-entre-eeuu-y-rusia- entorpece-acuerdo-nuclear/

2

http://www.hispantv.com/detail/2014/10/10/292219/rusia-eeuu-viola-tratado-inf-sobre-armas-nucleares

3

http://actualidad.rt.com/actualidad/view/29387-La-OTAN-espera-alcanzar-un-acuerdo-con-Rusia-sobre-escudo-antimisiles-dentro-de-una%C3%B1o

4

http://www.publico.es/237124/obama-quitara-el-escudo-antimisiles-si-desaparece-la- amenaza-nuclear-de-iran

5

http://actualidad.rt.com/actualidad/view/425 29-EE.-UU.-desplegara-escudo-antimisiles-incluso-sin-una-amenaza-por-parte-de-Iran

6

http://actualidad.rt.com/actualidad/view/409 74-2012-no-le-conviene-a-Casa-Blanca-para-negociar-su-escudo-antimisiles-con-Rusia

7

http://actualidad.rt.com/actualidad/view/409 74-2012-no-le-conviene-a-Casa-Blanca-para-negociar-su-escudo-antimisiles-con-Rusia

8

http://actualidad.rt.com/actualidad/view/383 61-Cumbre-de-Rusia-y-OTAN-depende-del-progreso-del-escudo-antimisiles

9

http://spanish.ruvr.ru/2013_03_22/Pekin-preocupado-con-el-despliegue-del-escudo-antimisiles-de-EEUU/

10

http://spanish.larouchepac.com/node/21457

11 Ibídem

12

http://actualidad.rt.com/actualidad/view/812 33-otan-propone-rusia-limitarse-garantias-politicas-escudo-antimisiles

13
http://actualidad.rt.com/actualidad/view/894 06-rusia-eeuu-otan-escudo-antimisiles

14
http://actualidad.rt.com/actualidad/view/893 08-rusia-misiles-eeuu-europa-mentira

15
http://actualidad.rt.com/actualidad/view/126
608-defensa-rusia-eeuu-presencia-militar

16
http://actualidad.rt.com/actualidad/view/126
040-estrategia-rusia-aislar-eeuu

17
http://actualidad.rt.com/actualidad/view/125
899-eeuu-pol%C3%ADtica-aislamiento-rusia-
obama

18
http://actualidad.rt.com/actualidad/view/893
08- rusia-misiles-eeuu-europa-mentira

19
http://actualidad.rt.com/actualidad/view/380
60-Mosc%C3%BA-escudo-de-OTAN-es-
paraguas- que-apu%C3%B1alara-a-Europa

20
http://actualidad.rt.com/actualidad/view/896
12-polonia-antimisiles-defensa

21 http://actualidad.rt.com/actualidad/view/131 039-defensa-antimisil-europa-logica

22 http://actualidad.rt.com/actualidad/view/127 574-eeuu-benificiarse-guerra-fria

23 http://actualidad.rt.com/actualidad/view/355 18-Rusia-adoptara-medidas-t%C3%A9cnico-militares-si-no-hay-un-trato-justo-con-EE.-UU.

24 Ibídem

25 http://actualidad.rt.com/actualidad/view/892 45-ex-oficial-eeuu-teme-iran-corea-norte-quiere- controlar-recursos

26 http://actualidad.rt.com/actualidad/view/138 217-iran-rusia-otan-escudo-antimisiles-objetivo

27
http://actualidad.rt.com/actualidad/view/425
16-Los-misiles-rusos-podran-superar-escudo-
antimisiles-de-OTAN

28
http://actualidad.rt.com/actualidad/view/553
72-armamento-ruso-resolvera-problema-
escudo- antimisiles-eeuu

29
http://www.elespiadigital.com/index.php/not
icias/defensa/3802-rusia-despliega-las-
nuevas- brigadas-de-misiles-iskander

30
http://actualidad.rt.com/actualidad/view/129
692-armas-hipersonicas-china-alarma-
pentagono-eeuu

31
http://actualidad.rt.com/actualidad/view/821
78-rusia-recrea-sistemas-misiles-balisticos-
camuflados-trenes

32
http://actualidad.rt.com/actualidad/view/801
75-ex-estados-sovieticos-integran-potencial-
antimisiles

33
http://actualidad.rt.com/actualidad/view/133
513-china-antimisiles-s500-patriot-rusia

34
http://actualidad.rt.com/actualidad/view/127
526-rusia-simulacro-ataque-nuclear-masivo

35
http://actualidad.rt.com/actualidad/view/129
985-rusia-maniobras-militares-misiles-
iskander

36
http://actualidad.rt.com/actualidad/view/129
781-rapido-ataque-global-eeuu-rusia-
respuesta- defensa

37 Daniel Estulin Desmontado Wikileaks

CHINA

1

http://actualidad.rt.com/actualidad/view/410
86-EE.-UU.-continuara-cercando-a-China-y-
Rusia- con-misiles-bal%C3%ADsticos-y-bases-
militares

2

http://actualidad.rt.com/actualidad/view/425
30-El-escudo-antimisiles-supone-mayor-
amenaza-para-China-que-para-Rusia

3

http://www.nacion.com/mundo/China-
contar- disuasivo-nuclear-
naval_0_1304269605.html

4

http://www.emol.com/noticias/internacional/
2002/12/19/100689/china-se-opone-al-
despliegue-de-un-escudo-antimisiles-de-
eeuu.html

5

http://actualidad.rt.com/actualidad/view/129
692-armas-hipersonicas-china-alarma-
pentagono-eeuu

6

http://actualidad.rt.com/actualidad/view/521
07-telarana-sistema-antimisiles-eeuu-cubrira-
parte-territorio-china

7

http://actualidad.rt.com/actualidad/view/521
07-telarana-sistema-antimisiles-eeuu-cubrira-
parte-territorio-china

8

http://actualidad.rt.com/actualidad/view/892
45-ex-oficial-eeuu-teme-iran-corea-norte-
quiere- controlar-recursos

9

http://actualidad.rt.com/actualidad/view/863
47-corea-norte--prueba-nuclear-disuasion-
creible

10

http://actualidad.rt.com/actualidad/view/570
3 2-eeuu-realiza-mayor-ejercicio-defensa-
antimisiles

11 Ibídem

12
http://elpais.com/diario/2003/12/20/internac
ional/1071874804_850215.html

13
http://internacional.elpais.com/internacional/
2012/09/17/actualidad/1347903952_108635.
html

14
http://actualidad.rt.com/actualidad/view/539
12-eeuu-coloca-pieza-escudo-antimisiles-
japon

15
http://actualidad.rt.com/actualidad/view/131
451-corea-sur-negar-thaad-escudo-
antimisiles- eeuu

16 Ibídem

17 http://spanish.yonhapnews.co.kr/national/20
14/06/03/0300000000ASP20140603001000883.HTML

18 http://internacional.elpais.com/internacional/
2010/01/07/actualidad/1262818807_850215.
html

19 Ibídem

20 http://www.prensa.com/impreso/mundo/tai
wan-apunta-misiles-hacia-china/96001

21 http://actualidad.rt.com/actualidad/view/836
65-eeuu-suministrara-taiwan-misiles-
sistemas- patriot

22 http://actualidad.rt.com/actualidad/view/886
72-taiwan-eeuu-radar-china-misiles

23

http://actualidad.rt.com/actualidad/view/135 082-china-ensayo-escudo-antimisiles-eeuu

24

http://actualidad.rt.com/actualidad/view/133 587-kremlin-rusia-china-s400-sistema-antimisil

25

http://actualidad.rt.com/actualidad/view/891 42-eeuu-programa-nuclear-corea-norte-escudo- antimisiles

26

http://contralinea.info/archivo-revista/index.php/2014/03/21/estados-unidos- millones-de-dolares-para-escudos-antimisiles/

27

http://actualidad.rt.com/actualidad/view/119 9 30-israel-exhibicion-singapur-escudo-laser-antimisiles

28 Ibídem

29
http://actualidad.rt.com/actualidad/view/137
281-estados-unidos-desarrolla-canon-laser

LA GUERRA DE CUARTA GENERACION

GUERRA PROPAGANDISTICA

1
http://www.cubadebate.cu/opinion/2014/06/
07/venezuela-es-victima-de-una-guerra-no-
declarada/#.U-1Rot6btYd

2
http://www.bbc.co.uk/mundo/noticias/2011/
02/110225_libia_obama_sanciones_ao.shtml

3
http://mexico.cnn.com/mundo/2011/03/02/l
a- unesco-suspende-actividades-en-libia-por-
violacion-de-derechos-humanos

4

http://www.caracol.com.co/noticias/internaci
onales/gadafi-culpa-a-al-qaeda-de-la-
violencia-y- la-sublevacion-en-su-
pais/20110224/nota/1430487.aspx

MEDIOS DE COMUNICACIÓN

1

http://blogs.publico.es/arturo-
gonzalez/2012/08/30/los-medios-de-
comunicacion/

2

https://www.youtube.com/watch?v=9mAxV6
6ZNe8

3

https://www.youtube.com/watch?v=-
ZLrQphY2cl

4

http://blogs.publico.es/arturo-
gonzalez/2012/08/30/los-medios-de-
comunicacion/

5 Ibídem

6 La Historia Definitiva de El Club Bilderberg
de Daniel Estulin

7

http://es.wikipedia.org/wiki/Emilio_Ybarra

8

http://blogs.publico.es/arturo-
gonzalez/2012/08/30/los-medios-de-
comunicacion/

9

http://es.wikipedia.org/wiki/Steve_Burke_(e
mpresario)

11
http://es.wikipedia.org/wiki/Sumner_Redston
e

12 El Club de los Inmortales de Daniel Estulin

13 El Club de los Inmortales de Daniel Estulin

14 http://es.wikipedia.org/wiki/Time_Warner

15 El Club de los Inmortales de Daniel Estulin

16
http://es.wikipedia.org/wiki/Turner_Broadcas
ting_System

17
http://es.wikipedia.org/wiki/Jeffrey_Bewkes

18
http://www.eleconomista.es/interstitial/volve
r/aciertoj/cultura/noticias/5947367/07/14/Lo
grar-Time-Warner-convertiria-a-Murdoch-en-

el- rey-de-los-medios-en-
EEUU.html#.Kku88EKvlxe4R2l

19
http://es.wikipedia.org/wiki/News_Corporati
on

20 Ibídem

21 Ibídem

22
http://www.eleconomista.es/interstitial/volve
r/aciertoj/economia/noticias/5653936/03/14/
Rupert-Murdoch-nombra-a-su-hijo-Lachlan-
copresidente-no-ejecutivo-de-News-Corp-y-
21st- Century-Fox.html#.Kku8vkLMmk2nfW9

23
http://es.wikipedia.org/wiki/News_Corporati
on

24
http://www.libertaddigital.com/sociedad/mur
doch-ficha-a-jose-maria-aznar-como-

consejero- del-gigante-de-medios-news-
corporation- 1276281866/

25 La Historia Definitiva del Club Bilderberg
de Daniel Estulin

26 Daniel Estulin el Instituto Tavistock

27 Daniel Estulin desmontando Wikileaks

28 Daniel Estulin el Instituto Tavistock

29
http://www.aporrea.org/tiburon/n169169.ht
ml

30
http://www.aporrea.org/tiburon/n169169.ht
ml

31 Ibídem

32 Ibídem

33
http://actualidad.rt.com/actualidad/view/443
34-Juego-de-letras-o-de-muerte

34 Ibídem

35
http://www.abc.es/internacional/20140327/a
bci-gobierno-venezolano-acusa-diario-
201403271848.html

36
http://www.libertaddigital.com/cultura/libros
/2013-06-10/un-crucigrama-pudo-evitar-el-
desembarco-de-normandia-1276492514/

37 Ibídem

38
http://actualidad.rt.com/actualidad/view/443
34-Juego-de-letras-o-de-muerte

39
http://www.voltairenet.org/article120771.ht
ml

40 Ibídem

41 Daniel Estulin el Instituto Tavistock

EL MODELO QUE OCCIDENTE QUIERE EXPORTAR

1 http://www.librered.net/?p=28834

2

http://www.lacapital.com.ar/el-
mundo/Michael-Moore-pidio-votar-por-
Barack- Obama-como-un-mal-menor-
20121106- 0065.html

3

http://es.wikipedia.org/wiki/Plutocracia

4

http://www.cuba.cu/gobierno/discursos/1960
/esp/f060860e.html

5

http://actualidad.rt.com/actualidad/view/125
433-gobierno-eeuu-ricos-lobby

6 Capitalismo una historia de amor película
de Michael Moore

7

http://es.wikipedia.org/wiki/Plutocracia

8 http://www.eumed.net/libros-gratis/2009a/481/industria%20de%20guerra%20y%20sus%20protagonistas.htm

9 http://www.voltairenet.org/article122852.html

10 http://www.soberania.org/Articulos/articulo_090.htm#ECBush

11 http://www.choike.org/nuevo/informes/1270.html

12 http://www.opensecrets.org/

13 http://iipdigital.usembassy.gov/st/spanish/publication/2008/09/20080917160054pii2.753848e-02.html#axzz3CxuG0XyG

14 http://es.wikipedia.org/wiki/Plutocracia

15 Naomi Klein la Doctrina del Shock y http://actualidad.rt.com/actualidad/view/128042-familiares-politicos-eeuu-ucrania-irak-petroleo

16 http://www.voltairenet.org/article120075.html

17 Ibídem

18 Michael Moore Fahrenheit 9/11

19 Ibídem

20 http://www.rebelion.org/hemeroteca/imperio/040125atwal.htm

21 http://www.voltairenet.org/article122852.html

22 http://www.elconfidencial.com/noticias/noticia_21011/

23 La privatización de la seguridad Las empresas militares y de seguridad privadas en el entorno estratégico actual / Instituto Español de Estudios Estratégicos / autor Mario Laborie Iglesias

24 http://news.bbc.co.uk/hi/spanish/business/newsid_3229000/3229321.stm

25 Ibídem

26 Ibídem

27 http://www.rebelion.org/noticia.php?id=153650

28 http://www.voltairenet.org/article122852.html

29 http://www.voltairenet.org/article170392.html

30 Ibídem

31
http://managersmagazine.com/index.php/20
12/03/analisis-sobre-las-causas-de-la-crisis-
financiera-inside-job/

32
http://www.elconfidencial.com/mercados/arc
hivo/2008/02/06/82_goldman_sachs_financia
_fiesta_electoral_democratas.html

33 Ibídem

34
http://www.voltairenet.org/article120085.ht
ml

35 Ibídem

36
http://www.elnuevoherald.com/2012/12/13/
1362600/multa-millonaria-a-banco-hsbc.html
(Este banco también tenía relación con Cuba e
Irán y el Citybank sin embargo no ha tenido
sanciones de tal cantidad)

37 http://www.ticbeat.com/tecnologias/microsoft-google-financian-campana-obama/

38 Ibídem

39 http://www.vnavarro.org/?p=7836

40 http://www.ticbeat.com/tecnologias/microsoft-google-financian-campana-obama/

41 http://www.publico.es/internacional/445192/la-mala-apuesta-de-sheldon-adelson

42 Publisher's Page, Washington Report, Junio 1995, pp. 122 sacado de http://sionismocontracristiano.blogspot.com.es/2012/09/el-sionismo-cristiano-la-nueva-herejia.html

43 http://www.publico.es/internacional/445192/la-mala-apuesta-de-sheldon-adelson

44
http://ecodiario.eleconomista.es/internaciona
l/noticias/5256250/10/13/Asi-se-las-gasta-el-
Adelson-de-Eurovegas-propone-un-ataque-
nuclear-contra-Iran-y-cuestiona-a-
Obama.html#.Kku8AYMgGlKlevu

45 http://www.lacelosia.com/obama-ofrece-
garantias-al-lobby-judio-mas-poderoso-de-
estados-unidos-de-que-iran-no-dispondra-de-
armas-nucleares/

46 http://es.globedia.com/crimen-
organizado- financia-campanas-electorales-
eeuu

47
http://www.cubadebate.cu/noticias/2013/09/
07/industria-militar-de-ee-uu-patrocina-a-
senadores-que-apoyan-ataque-a-siria/

LAS CONTRAMEDIDAS DEL GOBIERNO AMERICANO CONTRA LOS SUBVERSIBOS

1 http://es.wikipedia.org/wiki/Programa_de_Contrainteligencia

2 http://es.wikipedia.org/wiki/Programa_de_Contrainteligencia

3 http://es.wikipedia.org/wiki/Programa_de_Contrainteligencia

4 El imperialismo humanitario de Jean Bricmont

5 http://actualidad.rt.com/actualidad/view/137658-ferguson-uso-fuerza-letal-civiles-desarmados

TERRORISMO COMO ASIMETRIA

1
http://actualidad.rt.com/actualidad/view/122
693-apoyo-eeuu-fascismo-narcotrafico-
terrorismo

2 http://eichikawa.com/2013/07/eugenio-
pons- castro-y-el-terrorismo-una-
cronologia.html (también podremos
encontrar apoyo a Vietnam

del Norte por parte de la URSS, no se allá en la
fuente)

3
http://www.bbc.co.uk/mundo/ultimas_notici
as/2014/04/140430_ultnot_cuba_eeuu_patro
cinio_terrorismo_mxa.shtml

GUERRA ECONOMICA

1
http://actualidad.rt.com/actualidad/view/851
56-eeuu-departamento-coordinar-sanciones

2
http://actualidad.rt.com/ultima_hora/view/1
33611-eeuu-sanciones-personas-empresas-
hezbola

3
http://www.voltairenet.org/article136135.ht
ml

4
http://www.elmundo.es/internacional/2013/
12/22/52b67865268e3ea3348b4582.html

5 http://www.globalresearch.ca/mugabe-s-
biggest-sin/9707

RUSIA

1
http://actualidad.rt.com/actualidad/view/126
930-sanciones-washington-rusia-historia-
siglo-xx

2
http://actualidad.rt.com/actualidad/view/119

14-EE.-UU.-levanta-sanciones-contra-empresas- militares-rusas

3
http://actualidad.rt.com/economia/view/134858-sanciones-rusia-crisis-financiera-mundial

4
http://actualidad.rt.com/actualidad/view/133920-italia-acusada-bloquear-sanciones-rusia

5
http://actualidad.rt.com/actualidad/view/140611-francia-aboga-levantamiento-sanciones-rusia

6
http://actualidad.rt.com/economia/view/136863-ucrania-kiev-sanciones-rusia

7
http://spanish.larouchepac.com/node/21612

8
http://spanish.larouchepac.com/node/21637

9

http://actualidad.rt.com/actualidad/view/126
063-medvedev-occidente-sanciones-ganar

10

http://spanish.larouchepac.com/node/21787

11

http://sp.ria.ru/international/20140918/1619
24074.html

12

http://www.hispantv.com/detail.aspx?id=289
138

13

http://www.elmundo.es/internacional/2014/
08/26/53fc4495ca4741ce088b4578.html

GUERRA ECONOMICA SIN RECURRIR

A SANCIONES

ESTADOS UNIDOS

1
http://www.cubadebate.cu/opinion/2014/06/
07/venezuela-es-victima-de-una-guerra-no-
declarada/#.VA4KRN6btYe

2
http://spanish.larouchepac.com/node/21460

3 la Historia Definitiva del Club Bilderberg

4 Ibídem

5
https://www.youtube.com/watch?v=WCIPOcL
kfGE

Desde la Sombra: petróleo arma mortal (RT)

6
http://actualidad.rt.com/actualidad/view/132
454-fallido-sueno-americano-eeuu-pierde-
terreno-globalmente

7 http://actualidad.rt.com/economia/view/143454-explosion-exportadores-petroleo-opep

8 Ibídem

9 http://actualidad.rt.com/economia/view/129611-contrato-gas-rusia-china-eeuu-fracaso

10 http://actualidad.rt.com/actualidad/view/130562-eeuu-presion-bulgaria-suspender-construccion-gasoducto-south-stream

11 http://actualidad.rt.com/economia/view/130617-lavrov-south-stream-ue-castigo-rusia

12 Ibídem

13 http://spanish.larouchepac.com/node/21475

14 http://www.bbc.co.uk/mundo/ultimas_notici

as/2014/04/140425_ultnot_rusia_deuda_nc.s
html

17
http://spanish.larouchepac.com/node/21503

18
http://actualidad.rt.com/economia/view/128
080-rusia-romper-lazos-agencias-calificacion

(Solo incluye que Rusia se alejó de los
pronósticos de las agencias de calificación)

19
http://actualidad.rt.com/economia/view/130
054-rusia-china-crearan-agencia-calificacion-
conjunta

20
http://www.bbc.co.uk/mundo/ultimas_notici
as/2014/04/140430_ultnot_rusia_fmi_crecimi
ento_lp.shtml

21
http://actualidad.rt.com/economia/view/968
98-china-guerra-comercial-UE

RUSIA Y CHINA

1
http://actualidad.rt.com/economia/view/126900-respuesta-rusia-sanciones-eeuu-guerra-economica

2
http://actualidad.rt.com/economia/view/128249-rusia-venta-bonos-tesoro-eeuu

3
http://actualidad.rt.com/actualidad/view/137220-hutschenreuter-america-latina-exportaciones-rusia

4 Ibídem

5
http://actualidad.rt.com/economia/view/136194-rusia-prepara-respuesta-sanciones-aerolineas-dobrolet

6
http://sp.ria.ru/economy/20140919/161951595.html

7
http://actualidad.rt.com/economia/view/126
853-eeuu-rothschild-gazprom-compra-
acciones

8
http://elpais.com/diario/2009/01/08/internac
ional/1231369201_850215.html

9
http://actualidad.rt.com/economia/view/129
915-eeuu-intenta-obligar-china-mantener-
moneda-reserva

10
http://actualidad.rt.com/economia/view/132
196-gazprom-listo-pagos-china-yuanes-rublos

11
http://actualidad.rt.com/economia/view/527
53-se-echa-yuan-sorpresa-dolar-china-eeuu

12 http://www.diario-
octubre.com/2012/04/06/brics-dice-adio-al-
dolar-de-eeuu/

NUEVOS CAMPOS DE COMBATE

1

http://www.astronautix.com/craft/polyus.htm

2

http://actualidad.rt.com/actualidad/view/136339-prueba-misil-china-eeuu-miedo

3

http://internacional.elpais.com/internacional/2008/02/21/actualidad/1203548407_850215.html

GUERRA CIBERNETICA

1

http://actualidad.rt.com/actualidad/view/42223-China-se-cambia-chip-hacia-una-ciberguerra- contra-EE.-UU.

2

http://actualidad.rt.com/actualidad/view/46221-Alemania%2C-lista-para-ciberguerra

3 http://actualidad.rt.com/actualidad/view/139 036-otan-responder-armas-ciberguerra-rusia

4 http://actualidad.rt.com/actualidad/view/140 740-rusia-medidas-defender-ciberespacio-ataque-global

5 http://actualidad.rt.com/actualidad/view/130 410-maduro-comando-cibernetico-venezuela

6http://actualidad.rt.com/ultima_hora/view/ 140 960-israel-autoridad-seguridad-cibernetica- netanyahu

7 http://actualidad.rt.com/actualidad/view/120 560-corea-sur-armas-ciberneticas-instlaciones- nucleares-norte

8 http://www.elojodigital.com/contenido/1190 8- corea-del-norte-incrementa-el-nivel-de-la-amenaza-ahora-recurriendo-ataques-cibernet

9
http://actualidad.rt.com/actualidad/view/107
732-japon-hackers-jovenes-ciberguerra

10 http://centrodeartigo.com/articulos-
utiles/article_115729.html

12 Monografías del CESED en libro titulado: el
ciber espacio nuevo escenario de
confrontación

11
http://actualidad.rt.com/actualidad/view/119
886-iran-israel-guerra-cibernetica

13 Monografías del CESED en libro titulado: el
ciber espacio nuevo escenario de
confrontación.

CHINA

1
http://eleconomista.com.mx/internacional/20
13/02/20/ejercito-chino-recluto-hackers-
universitarios-hace-10-anos

2

http://actualidad.rt.com/actualidad/view/109
985-fbi-rusia-china-fin-eeuu-clic

3

http://actualidad.rt.com/ciencias/view/11661
8-china-desarrolar-ordenador-cuantico-
romper- codigos

4

http://internacional.elpais.com/internacional/
2013/05/07/actualidad/1367918401_043983.
html

5

http://internacional.elpais.com/internacional/
2014/05/19/actualidad/1400511284_751167.
html

6

http://actualidad.rt.com/ultima_hora/view/1
28639-china-cooperacion-seguridad-
cibernetica- eeuu-espionaje

7

http://actualidad.rt.com/actualidad/view/133
570-hacker-china-eeuu-datos-alto-secreto

8

http://actualidad.rt.com/actualidad/view/135
341-hacker-china-obtiener-informacion-
cupula- hierro-israel

9http://tecnologamilitar.blogspot.com.es/201
4/0 7/confirman-que-hackers-chinos-
robaron.html

RUSIA

1

http://actualidad.rt.com/actualidad/view/103
435-rusia-nuevas-tropas-ciberneticas

2

http://elpais.com/diario/2008/08/14/internac
ional/1218664803_850215.html

3 Monografías del CESED en libro titulado: el
ciber espacio nuevo escenario de
confrontación

4 http://www.bbc.co.uk/mundo/noticias/2014/03/140306_tecnologia_guerra_cibernetica_rusia_ucrania_aa.shtml

5 http://actualidad.rt.com/actualidad/view/109985-fbi-rusia-china-fin-eeuu-clic

6 Monografías del CESED en libro titulado: el ciber espacio nuevo escenario de confrontación

7 http://www.vtv.gob.ve/articulos/2013/10/16/moscu-rechaza-las-mayores-maniobras-militares-que-prepara-la-otan-en-frontera-de-rusia- 178.html

8 http://actualidad.rt.com/actualidad/view/139036-otan-responder-armas-ciberguerra-rusia

ESTADOS UNIDOS

1 Monografías del CESED en libro titulado: el ciber espacio nuevo escenario de confrontación

2
http://www.aporrea.org/actualidad/a2699.html

3
http://www.losandes.com.ar/article/opinion-439880

4
http://www.aporrea.org/actualidad/a2699.html

5
http://actualidad.rt.com/actualidad/view/104387-cia-ciberataques-rusia-iran

6
http://actualidad.rt.com/actualidad/view/148178-virus-rusia-arabia-saudita-regin

7
http://actualidad.rt.com/actualidad/view/899
58-otan-ciberataques-eeuu-israel-iran

8
http://actualidad.rt.com/actualidad/view/968
69-eeuu-prepararse-ciberataques-sin-aviso

9
http://actualidad.rt.com/actualidad/view/116
001-nsa-construir-ordenador-cuantico-
descifre

10
http://actualidad.rt.com/actualidad/view/104
470-siria-eeuu-ataque-aerea-ciber-guerra

11
http://www.hispantv.com/detail/2013/08/30/
238752/sea-amenaza-danar-economia-eeuu-
caso-atacar-siria

12
http://actualidad.rt.com/actualidad/view/558
56-panetta-eeuu-paso-nuevo-s-pearl-harbor-
ciberespacio

13
http://actualidad.rt.com/ciencias/view/11321
-Ciberataques-seran-Pearl-Harbor-
electr%C3%B3nico-de-EE.-UU.

14
http://actualidad.rt.com/actualidad/view/131
603-gobierno-eeuu-faltar-expertos-
ciberseguridad

15
http://actualidad.rt.com/actualidad/view/974
27-wall-street-simulacro-ciberataque

ATAQUES CON FALSA BANDERA

1 Monografías del CESED en libro titulado: el
ciber espacio nuevo escenario de
confrontación

2
http://www.danielestulin.com/2011/09/26/a
nonymous-facebook-y-la-marca-de-la-bestia-
articulo-blog-russia-today/

3

http://www.abc.es/20120119/internacional/a
bci-anonymous-tumba-webs-eeuu-
201201192343.html

4

http://actualidad.rt.com/actualidad/view/994
99-anonymous-publicar-datos-privados-nsa

5

http://actualidad.rt.com/actualidad/view/103
829-hacker-eeuu-usa-anonymous-ciberguerra

CIBER ESPIONAJE

1

http://actualidad.rt.com/actualidad/view/123
771-lideres-mundiales-colombia-peru-
guatemala-nsa

2

http://actualidad.rt.com/actualidad/view/112
315-paises-ayudan-eeuu-espionaje-
cibernetico

3

http://actualidad.rt.com/actualidad/view/109
523-lideres-espana-espiar-rajoy-nsa-eeuu

4

http://actualidad.rt.com/actualidad/view/107
741-eeuu-canada-espiar-energia-brasil

5

http://actualidad.rt.com/actualidad/view/109
699-obama-ordenaba-escuchas-merkel

6

http://actualidad.rt.com/actualidad/view/988
66-eeuu-dispuesto-discutir-inteligencia-ue

7

http://actualidad.rt.com/actualidad/view/110
115-obama-ordena-dejar-espiar-fmi-banco-
mundial

8

http://actualidad.rt.com/actualidad/view/111
021-nsa-gchq-espiando-opep

9

http://actualidad.rt.com/actualidad/view/103
905-eeuu-nsa-sede-onu-espiar

10

http://actualidad.rt.com/actualidad/view/128
825-osce-nsa-snowden-lupa-vigila

11

http://actualidad.rt.com/programas/desde_la
_sombra/view/124695-sombra-e69-
ciberguerras-amenazas-libertad

12

http://actualidad.rt.com/ultima_hora/view/1
26172-rusia-windows-sistema-operativo

13

http://www.elmundo.es/elmundo/2013/07/1
1/internacional/1373544507.html

14

http://actualidad.rt.com/actualidad/view/126
591-rusia-eeuu-europa-internet

15
http://actualidad.rt.com/actualidad/view/109
977-china-fortificacion-seguridad-escandalo-
espias

TECNOLOGÍA PARA CONTROLAR EL CEREBRO

1
http://actualidad.rt.com/actualidad/view/126
281-putin-internet-proyecto-cia

2 Desde la Sombra dicho por Magnus Olson
experto en neurociencia

3
http://actualidad.rt.com/ciencias/view/13994
0-primer-contacto-telepatico-digital

4
http://www.lovities.com/noticias/neurologo-
darpa-estudia-implantar-chips-con-memoria-
en- el-cerebro-19215

5http://iniciativadebate.org/2012/04/24/mar
zoa bril-de-2013-toda-la-poblacion-con-
microchip- en-ee-uu-por-ley/

6 Desde la Sombra dicho por Magnus Olson experto en neurociencia

7

http://actualidad.rt.com/ultima_hora/view/1 47976-sueca-se-implanta-chip-funciona-llave

(la fuente no habla de un chip instalado en el cerebro, sino instalado en la mano)

8

http://www.noticiacristiana.com/ciencia_tecn ologia/2013/11/cientificos-crean-un-chip-capaz- de-comandar-el-cerebro.html

NANOTECNOLOGÍA

1http://www.cnnexpansion.com/manufactura /20 10/12/20/la-nanotecnologia-crece-en-el-mundo

2 Ibídem

3 Instituto Nacional del Cáncer USA

4 http://www.aainteligencia.cl/?p=116

Epilogo

Los conflictos híbridos han existido desde siempre. Pese a esto es el fenómeno de la globalización e internet lo que permite un uso más efectivo de los métodos de guerra no convencional asociados a la guerra de cuarta generación.
La novedad es el uso de estas herramientas, junto con el empleo de una nueva doctrina que se impone por el desarrollo de las nuevas tecnologías. Esta nueva doctrina, que incluye el multidominio de la información y la "destrucción al detalle", cohesiona los medios tradicionales, con sus novedades, junto con los medios no convencionales para concentrar esfuerzos y asi quebrar la voluntad del adversario-
Si quieres leer sobre esta doctrina compra el libro "Por Norma General"